我的青春我的梦

全国中学生校园美文精品集萃丛书

窗前风过，似当年、燕子重来

如果记忆化成风

《中学生博览》杂志社 选编

时代文艺出版社

图书在版编目（CIP）数据

如果记忆化成风/《中学生博览》杂志社选编. 一长春：时代文艺出版社，
2018.8（2023.6重印）
（"我的青春我的梦"全国中学生校园美文精品集萃丛书）

ISBN 978-7-5387-5728-6

I.①如… II.①中… III.①作文－中学－选集 IV.①H194.5

中国版本图书馆CIP数据核字（2018）第004366号

出 品 人　陈　琛
产品总监　郭力家
责任编辑　焦　瑛
装帧设计　李　斌
排版制作　隋淑凤

如果记忆化成风

《中学生博览》杂志社　选编

出版发行/时代文艺出版社
地址/长春市福祉大路5788号　龙腾国际大厦A座15层　邮编/130118
总编办/0431-81629751　发行部/0431-81629758
官方微博/weibo.com/tlapress
印刷/北京一鑫印务有限责任公司
开本/700mm×980mm　1/16　字数/153千字　印张/11
版次/2018年8月第1版　印次/2023年6月第5次印刷　定价/34.80元

图书如有印装错误　请寄回印厂调换

编 委 会

目 录

001

如果记忆化成风

深北方天微凉 .... 浅步调 / 002

青春就是不停地告别 .... Star / 005

他曾经来过 .... Sumind 鱼寻 / 009

你听，那流年里的窃窃私语 .... 爱笛声 / 013

二笨献血记 .... 二 笨 / 017

雨和晴天相拥成虹 .... 口木子 / 021

初夏不见春 .... 梦小半 / 027

如果记忆化成风 .... 沐子眠 / 032

孤单的路我一个人走过 .... 钹 盏 / 036

阡陌回忆

陈小年，要记得微笑成长 .... 陌 忆 / 040

他——回来了，又离开 .... 墨小虾 / 048

雕刻在银杏树上的秘密 .... 某某闲来 / 055

阡陌回忆 .... 沐子眠 / 062

少年同学都不良 .... 倪一 / 069

嗨！男闺密 .... 暖 夏 / 076

余孽久了就是妖孽 .... 彭建鸿 / 085

旗　　袍

旗袍 .... 王 月 / 092

爸爸，你就是我最温暖的全世界 .... 惟 念 / 095

花与时光同眠 .... 未 末 / 098

侥幸者 .... 温不柔 / 102

愿你在岁月无声中安然长大 .... 文 丹 / 105

爷爷，我知道你并没有走远 .... 溪 夏 / 110

蜡笔小新不悲伤

遇见最美好 .... 牧小尔 / 116

初三生活周记本 .... 溟希晴 / 119

蜡笔小新不悲伤 .... 陌浅狸 / 122

昨天 .... 木 娅 / 126

水果主食混搭三人组 .... 沐筱格 / 129

梦想，恰逢花开

刺猬 .... 科学无解 / 132

梦想，恰逢花开 .... 蓝的球 / 139

如果我是一个瘦子 .... 吴 忧 / 141

F 中青春簿 .... 萧 稔 / 145

你是奇人否 .... 小太爷 / 151

张青生三打于莺莺 .... 小太爷 / 154

踩着年华渐渐长大

大人这种生物真的伤不起 .... 葵晓兜 / 160

人在囧途，有点儿背 .... 麦　子 / 164

踩着年华渐渐长大 .... 椢椴椴 / 166

如果记忆化成风

　　成长是一种历经凄楚的蜕变，可是现在的我并没有蜕变成十六岁时渴望成为的那种样子，依然在骨子里骄傲着，依然懒散到做什么事情都漫不经心。

　　不知道在什么时候，我的世界里刮起了一阵风，让我产生了时光回到了十六岁那一年的错觉。我知道，温柔环抱着我的那阵风，叫记忆，我突然跌进了深深的旋涡。

深北方天微凉

浅步调

7月25日填报志愿的最后一天晚上，半夜里我精神抖擞地起床，用0.5毫米的黑色签字笔郑重地在第一志愿处写下了北京中华女子学院。

我知道我已经固执到了义无反顾的地步，我也知道明天早上一起床就会看到妈妈哭哭啼啼地骂我不听话；就会看到爸爸气急败坏地说我怎么就是不听劝不报本省的重点，却非得跑去那么远的北方城市。

我都接受，除了我十年寒窗换不来去北京上大学之外我都接受。接受高考的失常发挥，接受我的选择所要面临的质疑和不解。填完志愿的那一晚，我做了一个深沉而甜美的梦，我梦见我跌碎的翅膀开始长出新的羽翼，梦见我曾经的伤口在阳光下愈合出希望的形状。

9月份开学，北京从此就这样盛大而宏伟、细微又点滴地渗入了我的生活。我爱北京，我爱我现在生活的这座城，从每一个角度深深地理解并喜欢着。

我愿意讲给你听，我知道有无数个背双肩包的孩子跟当年的我一样做着遥远的梦，念着遥远的城。我们都一样，在每个清晨和深夜，在为数学题皱眉，在为新概念英语发愁时，那个叫作北京的地方就是我们的方向，就是支撑我们含着眼泪不掉落的希望。

让我用不同的方式带你走进这座城，把我的热爱幻化成力量，传给你期待和方向。

游

不论你到哪座城市上大学，大一的第一重点就是"游"，说简单点儿就是拼了命地玩。作为一个考到北京的学生，你所要做的就是带着你的学生证享受所有景点的半价门票，拿着你的公交卡享受两折的公交费和两块钱永不加价的地铁。

去故宫，去长城，去圆明园……但是，千万不要在假期黄金周这样旅游的高峰期出行，那样你和匆匆赶来的旅游者没有差别，会被挤得完全没有心情。挑个下雪的冬天，看故宫的万籁俱寂，那一刻，历史的穿越感和时间的渺小都是纯立体的；在11月份的深秋去长城，在瞭望台吹风的时候体会什么叫风如刀割；在好汉坡的顶端看漫山遍野红遍的枫叶，想象曲折陡峭的坡路下埋葬了多少忠贞血骨；圆明园是个不可不去也不可多去的地方，浩大的面积，花上半天也难以逛出头绪，历史课本里的西洋楼残垣让真真实实的爱国情感涌上心头……

还要列举吗？清华的荷塘、北大的未名湖、十三陵、雍和宫、恭王府、鸟巢、水立方、大使街、西单、王府井、三里屯、后海、鼓楼、前门、南锣古巷、798、菊儿胡同、香山、植物园……现代的、古代的、好玩的、有艺术氛围、有底蕴的，只要你来到了这里，趁着大学拥有的大把时间游起来，拼命地玩起来。

优

你爱不爱看娱乐八卦？追不追星？不管你喜不喜欢，反正我对此重度感冒，整个初中、高中憋了劲儿地默默喜欢。给自己定目标说高考之后一定要看一场周杰伦演唱会，一定要排一次郭敬明的签售会，一定要近距离接触一下整个青春年代喜欢的明星……实现梦想的进程从大学开始。

上大学之后，开始喜欢看一个叫《职来职往》的节目。里边有十八位达人，妙语连珠，给初入职场的大学生提供建议和方向。然后我七拐八拐地终于去现场做了观众，真实地体会到了这些职场达人的睿智。

关于周杰伦的演唱会，我在五一去济南玩的时候终于看到了，看台票的位置一样让我激动得掉眼泪。还有郭敬明，今年暑假，整个公司，包括安东尼笛安都齐聚的签售会，我买到了书却因为人太多没有排上号签名。不过我也不担心，北京市场这么大，大把赚钱的机会，郭敬明一定还会再来签售的。

诱

不喜欢"诱惑"这个词，总感觉里边藏了太多的暧昧。可是梦想和未来本身就是个诱惑，十几年的寒窗苦读，我们在和未来暧昧不明的关系里一天天地成长，靠近梦想。

我在第二学期开始的时候开始抽空做兼职，想从另一个角度去体会北京，也顺便赚些零花钱让自己更加逍遥自在。可是北京是个太大的城池，信息繁多，良莠不齐，工资数额高低不等，就业信息真假难辨，我做兼职的最初就差点儿被骗工资。还好因祸得福，认识了一些朋友，开始学会从正规兼职渠道寻找信息。

十一黄金周的时候我在家具展做礼仪，穿着高跟鞋站立十个小时，对着每一个路过的顾客露出八颗牙齿的标准笑容，喊出"欢迎光临"。每天晚上6点下班坐公交返回学校，天刚暗下来，灯火开始渐次上演夜晚的戏。我大概就是从那时候喜欢上了北京的夜晚，它绝不从属于谁，安静地跳着光怪陆离的舞。

如何在颠沛流离中坚持自己的梦呢？我在公交车上总会灵魂出窍地想。每天挤公交，挤地铁，面无表情地快步走在人群中，时时刻刻都有可能被堵在某一环的路上……可是梦想和未来是个诱惑，坚持下去不会后悔！

我现在在东经120°北纬40°的深北方，祝福每一个有梦的孩子：祝你好运，加油！

青春就是不停地告别

Star

这是我两年之后第一次看见他。3月15日，小高考的日子，我们学校是区级考点，另外两所区内高中会来考试，他会来的吧？

他不知道为了这一天我已经等了两年吧？

我和他初中时在一起，毕业时分开，理由也不过是俗套的那种——我们上了不同的高中，之后便不再联系。不再联系是指断了双方的交流，我却一直都知道他的消息——知道他并没有因为我们的分开多难过；知道他新学了击剑；知道他看了最爱的漫展；知道他开始了新生活。

我发誓，我不会再为这种事难过，我不难过。

上午两场考试结束，所有学校的学生都挤在一个食堂吃饭。我在食堂找了一圈，却没有看见他，不仅仅是失落，那种想放弃却又不死心的无力感在两年的时间里孕育得更加成熟，此刻席卷了我的心。

"要不要去看看？"我和闺密走着，不知不觉间，闺密停在了他所在高中的休息楼前。闺密知道的，我想见他。

没必要再去细究是否还喜欢他，只是单纯的，想见他。

我只是站着，因为我也不知道该怎么办，以为自己已经做好了准备，却在真正面对他的时候手足无措。

"算了，走吧。"

彼时，他站在树下，和朋友们忙里偷闲地聊天。是的，我没忍住又跑去找他。天知道，走向他的每一步磨去我多少勇气，只是觉得，路好短却又好长。

两年的时间都被踏碎在身后，就像电影里的慢镜头，我的心跳，我的呼吸，我的眼神，每一下都被无限地拉长放大，填满那些思念的空白桥段。

他还是喜欢灰色开衫，配上格子衬衫。他不是个善变的人，我知道。他头发好像还是那样，松松软软，不烫不染，有随意而柔软的弧度。他剃掉了青春期男生特有的那种胡子，反而显得愈发白净。他换了副眼镜。

他朝我的方向看过来。

我不闪不避地迎上去，大脑却只有"嗡嗡嗡"的感觉。他的眼神停顿了一下。

记得有一次吃饭也是这样。那一次老师拖堂了几分钟，我跑到食堂已经人满为患，只有在食堂的最后一排才找到位置坐了下来。我习惯性地去搜寻他的影子，恰好迎上他递过来的目光。他坐在第一排，我们隔着重重人海对望，瞬间觉得时间在这一刻而停止，宇宙无物，只剩下我们两个人。

我猜他现在一定也想到了什么，不然为何眼神变得如此深邃。

我走到他面前站定。他周围的朋友打量了我一番，也许是因为我的灰色开衫，格子衬衫，也许是因为他久久的沉默，都了然地散开。

"考得怎么样啊？"还是我先开口打破沉默，他熟悉而又陌生的眼神压抑得我快窒息了。

"嗯，还可以。"

"下午的考试加油啊！"

"嗯。"还是这样，对于我们的关系他还是习惯做那个被动者，我扯出一个看起来最轻松的表情，企图掩盖住除朋友之间应有情绪以外的关心。

初春的天气温暖得让人有种沦陷的错觉，他的眼神中还是有我迷恋的温柔，但却有什么不一样了。如果你曾认真地去喜欢一个人，了解一个人，你可以从他的眼神中知道他的喜好，他的悲欢，他以前喜欢过谁，他喜不喜欢你。

就在那一瞬间，从他的眼中，我突然悲哀地发现，无论我对他有多不舍，我们都不可能了。他再也不会用宠爱依恋的目光看我。两年的时间结成的弥天大雾，铺散在他的眼里，我再也读不懂，只是明白一切都变了。

"你头发长长了啊，扎起来好看。"

我一愣，然后沉默地笑笑。

我和他在一起的时候是短发，他会经常摸着我的头揉着我的头发，一脸坏笑。也有很多时候他会向我抱怨，"干吗不留长，长头发的女生好看啊。"也有过想要留长的念头，但每次都会嫌头发长得太慢而剪掉，长发是在我们分开后才留起来的。当我变成你喜欢的模样时，你已不再喜欢我，这真的是一件很讽刺的事吧。

气氛有些尴尬，彼此都无言。

"快过去吧，你朋友在等你。"我开了口。

"嗯。"惦念了两年的人，计划了两年的情景终于在此刻画上句点。我很用力很用力地看了他一眼，对，是用力，"深深"这个词太矫情，远不够。

他的眼神闪过些什么，在他转身的瞬间我已无力再去探究。从前都是他看着我走，这次换我看着他离开。

看他像被硬生生从我的画里抠下的一块，一直走进他自己的风景。

喜不喜欢已经不重要了，见过他了；爱不爱又有什么所谓，他都走了；在不在一起也没必要了，不可能了。

我发誓我不难过，我不难过。只是懂了，原来喜不喜欢、爱不爱和能不能在一起是三件不同的事。

To 那个少年：

　　这是距我们最后一次见面的两年后，其实考试第一天我就看见你了。当时在人群中对视了一秒，你转过头避开了。我知道如果不再见你一面我是绝对不会死心的，解铃还须系铃人大概就是这意思吧。也是在见你的那一瞬间，觉得放开是最好的结局，我不能再活在记忆里。冷静了以后，我把之前藏了两年没舍得吃的巧克力拿出来扔了，把你写的纸条撕了，有关你的日记也撕了，心突然就空了。之前耿耿于怀的事情也许只是欠这样的一个遇见。突然想到一部法语电影里说的，梦里梦到的人，醒来就该去见他。去见他，然后向前走，继续自己的生活。

他曾经来过

Sumind鱼寻

　　他叫冯俊，我高中时的英语老师。他头发不多，戴一副透明的老式眼镜，穿着也不讲究，貌似也没什么风格。

　　据说他出过一场车祸，车祸以后就变得呆头呆脑了。高一，正是青少年最显著的叛逆时期。尤其是遇到这样一位老师，那些男生更是有恃无恐了，上他的课一般就是睡觉、吃零食、讲话、唱歌，或者换座，跟下课时并无太大差别。我依稀记得有次上课我吃零食，因为我坐在第一排，所以他走过来说："上课不能吃东西。"我傲气万分，理直气壮地反驳："我饿了嘛，为什么不能吃东西？"全班哄堂大笑。

　　有个男生上课迟到，他跑过去把门闩住，不让他进来，结果那个男生在门外拳打脚踢，弄得门轰轰作响，他仍在里面讲课，没有搭理，接着那个男生翻了窗户进来了，当着所有学生的面指着他的鼻子骂了一些难听的话。全班仍旧是哈哈大笑。他仍旧是讲课，对他的攻击不屑一顾。他似乎成了我们紧张高中生活中最有味的调节剂，每一个人都以取笑他、捉弄他为乐。在他背后贴小纸条，起哄闹事，直呼其名冲他叫嚣，偶尔还跟他打架，好不热闹。有一次他上课刚一开口，我的书不小心掉到地上发出声响，于是他就把未说完的话停了。同学刚好帮我捡书结果把她自己的书也弄得掉到地上去了，于是刚准备说话的他又停下了。紧接着像是收到了某种讯号似的，在他刚准备开口讲话的那一刹那，就会有调皮的男生故意把书丢到地上，接二连三地发出声响……看到他在上面扭曲的表情，我们都乐作一团。

下课后有同学给我传话，说英语老师要我去办公室一趟。有同学开始笑我："张鲟，你中奖了。"我抱着"才不怕"的心态一转身就去了。可是我找他的办公室却花了好长的时间，一年级英语办公室里面根本就没有他。一路问过才知道，他在语文办公室里。

等我进去的时候，他刚开口问"你为什么要带头起哄"我还没来得及接下句时，就有一个语文老师凶巴巴地冲他吼："吵什么吵！有什么事出去说！"那种厌恶的表情甚至连我都为他心疼。其实冯俊说话的声音并不大，可是他把我一拉，把办公室的门关好，和我一起出了办公室。他在外面对我说了什么我并没有听清，我只是突然有一种难过，别说我们学生欺负他拿他寻开心，连在一起办公的老师都对他如此冷漠，如此看不起他，都没有给予他同事间应有的尊重，他真的很可怜。

我也是后来才知道他之所以在语文办公室是因为英语办公室的老师们排挤他，才让他出去的。这件事情彻底改变了我对他的态度，我开始很认真地听他上课，下课也会问他几个不懂的问题，作业也会按时完成，再也不跟风去做一些闹腾的事情，甚至开始叫他老师。

记得有次我想学歌，是蔡依林发行的一张英语专辑，于是我打着要学习英文的旗号，把MP4给他让他去帮我在网上下载歌曲。他还给我MP4的时候，还把全部歌词打印出来订成了一个小本。我跟他说谢谢，第一次发自内心地说了感谢。

接下来的日子，我一直跟他和平相处，友好往来。每到节日我都会给他发节日快乐的短信，甚至是毫不相关的五一或者六一。有时候他上完课，我会给他一个喜之郎果冻，或者在刚巧碰上他的时候给他一个冰激凌。我越发勤奋地问他一些不懂的英语题目，尽管他并没有给我讲得很懂。我想尽自己最大的力量去关心他，给他尊重，给他一点点微不足道的温暖。

后来学期快结束的时候，他在我的同学录上是这样写的："以前我觉得你是一个坏女孩儿，还带坏你的同桌，现在你能知错就改，学习认真，还不懂就问。我觉得你很棒，中华鲟加油，你可是国宝哦。"然后写上了他的QQ号、电话号以及名字。

我暗自好笑，其实他可能一直不知道，我并不是故意带头起哄的吧。

后来我进了实验班，有了一个更好的英语老师，所以和他联络并不多。我只知道他被安排去带美术班的英语。其实我为他担心过的，普通班男生都欺负他，遇到美术班，他的境遇应该会更糟糕吧？

有次下楼的时候我碰到他，跟他打招呼说老师好，看到他戴了一顶帽子，觉得很搞笑，于是开玩笑说："哎哟，老师你变时尚了哦！"冯老师也只是呵呵笑，很友好。后来我才知道那并不是赶什么时尚潮流，而是他生病了，头发因为化疗全部掉光了，所以一直戴着那顶帽子。

等到我高三忙得不可开交的时候，有一天晚上，他突然跑来找我说想帮我写同学录。我满肚子疑惑，之前不是都写过了么，难道想重写？

等他把同学录送回来的时候，我差点儿笑岔了气，整篇没有一点儿更改，仅仅只是在末尾多出了一句英语："I will bless you！"

日子一天一天过，高三的混沌你我都懂。

不久以后，在平凡的某一天，我路过学校的公告板，不经意地一瞥，路过，然后猛地退步，回到黑板前，看到上面写的"冯俊的追悼会十某月某日在某某地方举行，望老师们准时参加"的字时怔住了。工工整整的粉笔字，冷冰冰的摆在黑板上，亦如人情，亦如人心。

是的，我哭了。不是说好人有好报，傻人有傻福吗？他最多不过三十岁啊！没有女朋友，没有享受到一丁点儿好的礼遇，没有得到一丁点儿多补偿，他一直默默忍受着来自各个层面的欺辱，一直默默承受着来自身躯和心理的双重折磨，为什么这样善良的人竟还会被上天无情带走？命运竟对他如此不公。我深深地难过，在心底为他祈祷，希望他在那边能够过得更好，闭上眼睛双手合十，我开始默念：冯俊老师，我想说，你不是一个人，你有我深深的思念和哀悼，就算大多数人看到了你性格里懦弱的那部分，我也有看到你善良单纯真诚的那部分，Although you are not a good teacher，you are a nice person。

睁开眼，我突然明白前些天他给我留言"I will bless you"的原因了，那是他对我最后的告别。

你听，那流年里的窃窃私语

爱笛声

    我又见到了她，时隔五年。她一个人，穿过好几条街，六月初，阳光正猛，路两旁家家户户院子里的果树伸出的枝丫越过树篱，在她脸上映照出斑驳的影子。她比五年前更加消瘦，也还是不爱笑，脸上布满了疲惫与沧桑。

    可能唯一不变的，是她眼里的那种倔强。

    街的尽头，是小镇上唯一的一所中学。十三岁那一年，我在这所中学念初一，她是我的生物老师。

    并不是每一个教过我的老师我都会记得，但我记得她，只是因为在我本应烈火如歌的青春里，她的一番话让我心底有了一个阴暗潮湿的角落。

    我曾经那么憎恨她。

    初中以前，我是镇上小学的尖子生，每个学期考评结束总能捧着一张"三好学生"奖状得意扬扬地回家，我的胸前总是佩戴着几朵鲜艳的优秀生特有的小红花。毋庸置疑，那时我是老师、同学眼中的好学生，那时的我是那么骄傲，也是那么笃定地坚信着自己的未来。

    直到她的出现。

    她的课并不令人讨厌，她身形娇小，戴着副眼镜，每天都在教室和宿舍之间穿梭。也许因为年轻的关系，她对教学依然充满极大的热情，看着我们的眼神也总是充满了热切的期盼。

初一的时候，我们刚接触生物这门课，我属于很笨的学生，对于不喜欢的科目，哪怕花了再多的精力，也比别人差，生物就是这样，平时的考试测验只能勉强比及格线高上几分。可是即便如此，仗着其他科的优势，我还是能稳居在全年级的前二十名。

一次生物考试，她是监考老师。我的座位在第一排，靠近讲台，一抬头就能看见她。那段时间她心情阴郁，脸上没有一丝笑容，手里捧着本小说，不停地翻阅。

题做到一半，她突然走下讲台，把我垫在试卷下的书本抽了出来，变戏法似的抽出一张生物试卷，揉成团，往门外扔去。

我们那会儿的桌子是木制的，因为年久，总有些地方坑洼不平，所以一些不太重要的考试，我们是被允许在试卷下面垫上一本其他科目的书来答卷子的。

天地作证，对于那张夹在课本里的生物试卷，我毫不知情。也许是我粗心大意，总是把发下来的已经批改过的试卷随手一塞，可是我打心底里没想过要作弊，年少的我也不敢有这样的想法。

教室里开始有人窃窃私语，也许是我的错觉，我还听到不少人的嘲笑声。

我抬起头，对上她的眼睛，我想告诉她我没有作弊，那张试卷完全是一个意外，可是她狠狠地瞪了我一眼，转身走回了讲台。

我不记得我是怎么样坚持把那场考试考完，我只记得，那时我的脸像被火烫过一样，我也不敢去看周围人的眼神，我害怕，我怕他们认为我以往的好成绩都是这样得来的。好学生什么都可以没有，唯独不可以失了骄傲。

考试结束后，我叫住了她，我希望她能给我一个机会解释，就像是一个溺水的人抓住最后一根稻草，我目光灼灼地看着她。

她一边清点着卷子，一边转过头来对我说："回去写份检讨，两千字，如果态度诚恳的话，这次的事情就算了。"

我几乎要哭出来了，我说我根本没有作弊，不需要为这个写检讨。

她面无表情地说："那我就上报给领导，我还从来没有见过你这种学生，为了成绩作弊我能理解，被抓到了还死不承认！"

她的语言像是利剑，将我想要说出口的话死死堵回到心里。

我在心里道，我没有做，我绝对不会承认。

背着书包从教室走回家，觉得天都是阴沉沉的。第二天上课，我还是没有交检讨书，于是她在班里宣布了我作弊，这次考试的成绩取消。

我低着头，那时的我多么希望有一个声音站出来为我辩护，告诉她我没有作弊。

可是没有。什么声音都没有。

我的名字被登在了学校的公告栏里。来来往往的人都会驻足观望，有人会惊呼一声："怎么会是她？她作弊？！"

更多的人选择笑笑："尖子生又怎样？还不是和我们一样？"

没人能体会我当时的心情，仇恨的种子就这样在我心里发芽。那时我才十三岁，却产生了很多报复她的想法，有些极端到如今回想起来都觉得可怕。

可是我什么也没有做。

我没有在朋友圈里说她的不好，也没有旷她的课，更没有缺过她的作业。我只是在心里憎恨她，唾弃她，甚至要证明给她看，我没有作弊，我本身就能考很好的成绩。

可惜事与愿违，我的生物成绩一落千丈，因为每次见到她，我都无法集中注意力听课，脑海里闪过的都是她那冷冰冰的话语。

我再也没有和她说过话，和仇人说话就是虐待自己，至少当时我是这么想的。

可是她真的有那么坏吗？也不是。后来我不断地听说她的故事，她不顾家里人的反对，执拗地嫁给了一个身患绝症的军人，后来丈夫离世，留下她和一个未足周岁的儿子。她的父母不理她，她没有旁人可以依傍，独自忍受爱人离世的痛苦，还要细心照料嗷嗷待哺的儿子。

而冤枉我作弊那件事，恰恰发生在她丈夫离世后的那段时间。当身兼母亲与老师两个责任时，她偶尔倾斜了天平，也不算很大的过错，不是吗？更何况，抛开老师这一身份来讲，她也只是一个柔弱的女人，遇到暴风雨也会感到害怕的女人。

被冤枉作弊的事情成了我的一个伤疤，想起来还是会疼。可是时间是最好的疗伤药，慢慢地，身边的人开始淡忘了这件事，我也尝试着慢慢地冲淡对她的憎恨。

初三的时候，我开始住校。那时候教师公寓改造，所有的老师都搬到学生宿舍去住，而她，恰好住在我的隔壁。

她两岁的儿子很可爱，刚会说话的年纪，长得虎头虎脑，十分讨人喜欢。她时常牵着他的手，傍晚的时候在校园里逛上一圈。她和她丈夫的事情在学校里是很多女孩儿喜欢谈论的话题，她当然也知道，可是她从来不介意，她眼里还是一股倔强，我想，她应该没有后悔过。

一天夜里，我听到隔壁传来一阵阵的咳嗽声，于是敲开了她的门。她躺在床上，她儿子手里捧着两颗药递到她嘴边，一边还用小嘴吹着桌上的热水……

我眼里顿时一热。

我扶起她，喂她吃下了药。她看着我，轻轻说了句："谢谢。"

我不想再问她一年前的事，也不想再让她给我道歉。我只希望，在她以后的教书生涯里，不要再因为一句话而伤了一个人的心，特别是年轻的心。

阳光映射在我们的脸上，我跟在她身后走了很久，她突然回头，笑着对我说："是你？"

我也笑道："老师，好久不见。"

是的，那些年少时候的憎恨，我已经全部放下。

二笨献血记

二　笨

2013年8月8日，这绝对是个值得我一生铭记的日子。因为就在这一天，本人，终于年满十八周岁了。

自打我记事起，就知道十八岁是一个坎儿，迈过去了就能获得大批大批的福利。比如可以理直气壮去网吧啦，比如犯了事儿可以承担完全刑事责任啦，比如再过两年就可以领证嫁人啦……怎么越说感觉越怪？总之吧，可以做好多好多以前不能做的事了。而在这些事情中，最最最重要的一件就是——我可以去献血啦！

说干就干。因为之前听说献血是要空腹的，所以早餐一向只吃两个包子的我特地吃了五个，吃得死撑，时至中午十二点我还没有任何饥饿感，欢欢喜喜地跳上了流动献血车。

"是谁告诉你要空腹的？不知道这样血糖不够抽完血后会晕倒的吗？快给我吃饭去！"

看看，没文化，多可怕。上车之后我不过说了一句"没吃午饭"就惹得那个笑起来一团和气的护士姐姐勃然大怒，不出两句就把我赶下了车。幸亏旁边没有垃圾桶，不然她非得把我扔进去，再扣上盖子。

大约二十分钟，喝过小米粥后的我小心翼翼地再次溜上了献血车，目测此刻小护士姐姐已经恢复了平静，一边忙忙碌碌地在纸上写着什么，一边笑意盈盈地向我招手。我蹭了过去。

"吃过饭了？"哪敢不吃啊，再不吃你真把我塞进垃圾桶怎么办。我倒是无所谓，只是垃圾桶太小装不下我怎么办。我点头。

"最近没生什么病吧？"放心啦，就咱这生命力，就算感冒也是一天就好。再次点头。

"满十八了吗？身份证拿出来给我看看。"终于说到正题上了，我迫不及待地掏出昨天对着它傻笑了一天的身份证，相当虔诚地把它交付到姐姐手上。接下来就是……

"这是你吗，怎么看你都不像十八啊？"又来了，每次被人问年龄后都是这句话。老天，你烦不烦啊。

"是我啊。你看这眼睛，你看这毛毛虫似的眉毛，你看这额头。"

好吧，最终小护士姐姐还是屈服于我说好听点儿是三寸不烂之舌，说难听点儿就是磨磨唧唧、唠唠叨叨地软磨硬泡之下，乖乖地取来了针头血袋为我抽血。如果忽略其间护士姐姐说我体重刚满九十斤强烈建议我不要献血而我毅然决然一意孤行什么的，整个过程还是蛮顺利的。

说实在的，看到护士姐姐提着根又粗又长的针头向我走来时我还真有点儿发怵，手臂僵硬，那叫一个不自在。

"把头转过去，看窗外。"护士姐姐很是贴心。可惜我不解风情，眼睛还是直直地盯着手臂，一动不动。

"你不怕吗？"护士姐姐貌似很疑惑。

"怕啊。"本人亦很坦诚。

"那怎么不转过去？"

"因为我想看清楚它到底是什么扎进去的。欸，真进去了啊，血不会从旁边渗出来吗？"

护士姐姐最终放弃了与我沟通，转身接了杯水递给坐在我旁边抽血的那位仁兄。"你喝点儿水，别紧张。"这位仁兄看起来和我年纪差不多，大概也是第一次献血。可不知怎么地，针头都扎进去有一阵子了，血却没抽出来多少。坐在我旁边，与热血奔腾而出的我形成鲜明对比。

"我没紧张。"该生长了张面瘫脸，说话也没好气。

"还说不紧张，不紧张血的流速怎么会这么慢。"小护士姐姐一语中的。

怪不得一直冷着脸不说话，原来是掩饰紧张啊。

"要不我给你讲个笑话吧。"我实在看不下去，开口说道，"从前有个人，后来他死了。"

该生面无表情地转过来看了我一眼，又面无表情地转回去，面无表情地用没抽血的那只手端起杯子喝了一口水，面无表情地……咳咳，呛到了。

我感觉我受到了藐视。

"对了，你是要献二百毫升吧？"小护士姐姐适时发问，打破了我的胡思乱想。

"大家一般都献多少啊？"我虚心求教。

"女生二百，男生三百左右吧。"护士姐姐耐心作答。

"那我要献三百。"我答道。

"我献四百。"坐在旁边一直没出声的面瘫脸突然插嘴，把我和小护士姐姐都吓了一跳。

"那我也要献四百。"谁说女子不如男的！

"我献五百。"面瘫脸不知为何突然转过来看了我一眼，可依旧面无表情。

幼不幼稚啊，你。

"你俩给我停！"小护士姐姐一票否决，干脆利落地给我俩每人抽了四百毫升鲜血，贴好止血带，命令我俩尤其是我坐在那里不许乱跑。又叫了个穿白大褂的老大爷医生盯住我俩看看有没有什么头晕之类的不良反应。嘱咐完后，扬长而去。

我看看手表，已经快下午一点了，再不走我上课就要迟到了。小声对面瘫君说了句"回见"我转身就要跑。那时面瘫君好像回了我句什么他是某某班的某某，但是一直在写字的老大爷医生突然抬头看了过来，我也没来得及问，撒腿就跑。

昨日，我欣然赴半年之约，又去献血。（其实是国家规定每献完一次血半年后才能献第二次。）这次为了避免一些不必要的麻烦，我特地向室友借来了一件厚重的黑色风衣与一双五厘米的小高跟鞋。又打散马尾，披着头发，活像个女鬼，呃，不对，是像十八岁！凭借着这些神兵利器，再加上我上车之后能用点头和摇头来回答的问题都尽量不说话，我终于成功通过了年龄与体重检查，又如愿为国家贡献了四百毫升鲜血……说起来怎么这么心酸啊。

总之一切都很顺利，待献完血后又到了快上课的时间。更巧的是，这次负责看着我的，还是半年前的那位老大爷！好吧，大家一回生两回熟，阿弥陀佛，多多关照。

于是我一面按着止血棉，一面彬彬有礼地向那位老大爷阐明我真的很赶时间。估计大爷根本没认出我就是半年前那个跳车逃跑的疯丫头，对我上车以来的沉着稳重甚是满意，欣然点头，目送我下车。于是我乐天知命，乐观其成，乐不可支，乐……极生悲。

我在走楼梯下车时不知怎么，突然觉得右脚的高跟鞋很不舒服，就下意识地向前踢了两下，身子自然晃了两晃。也不知这个动作哪里触动了老大爷的记忆，老大爷突然拍案而起："我想起来了，你是上次那个献四百毫升血，献完就跑了的小丫头。这回又献了四百，身体熬不住了吧。来来来，回来，回来躺会儿再走。"老大爷老当益壮，一个箭步就冲到门口，二话不说，拎着我的大衣领就把我往回拖，边拖边道："这回看你往哪里跑，回来躺着。"

欸，大爷。大爷你相信我，我真的只是穿不惯高跟鞋而已。大爷你相信我啊大爷。

啊喂！

雨和晴天相拥成虹

口木子

　　放学时我和H一起在人行道上推推搡搡，指着手机上某个试卷上某个不知名壮士写的"欲上青楼揽明月"的说说狂笑不止，H说："这句话的意思是不是在宣告他就是想独占青楼里那名叫明月的女子啊。""等拆卷后被老师查出来没准会被叫去做思想工作，"我装腔作势地学着班主任的口气尖声喊着："叫你家长来，小小年纪不学好……"而后我们笑成一团，脸颊上的肌肉因笑得太放肆而感到酸痛，和H在一起时，一点点小事总是能让我们添油加醋地乐上半天，年少的我们总是容易满足。

　　忽然，H静了下来，直直地盯着我，然后对着脸上还残留笑意外加莫名其妙的我甩下一句："我听说笑点低的人智商都不高。"然后大步向前迈去，一头雾水的我终于清醒，跟上她的步伐一脸迷茫道："是啊，我也听说了，不知道刚刚哪个低能儿笑得比我嗨。""是啊，我也不知道，哪个家伙这么低智商。""你连这个都不知道？！那是个眼睛小成缝了的家伙，看吧，还是智商高的人知道得比较多。"奇怪的是H这次竟然没有和往常一样把我捆成法老状怒气冲冲地大骂我，只是不停地往前走。正当我迷茫时，她欠扁的声音从前面飘来："你腿那么短还不快走，要不要我慢慢走等你赶上来啊，小矮子。"

　　"你竟然又戳我痛处！"

　　我从小怕生胆小，上了小学后更是常常与周围的欢声笑语格格不入，孤单地在一旁插不进话题，后来就索性自己一个人坐在座位上望着窗外发呆，或许是习惯成自然，又或许是当时还小，不懂得什么是孤立。

　　记得是某一个课间，H坐到了我身边拍拍我的后背："嘿，你叫什么啊，怎么不去玩？"我低声说出了自己的名字，后来H告诉我当时她根本什么都没有听到。"那，我们做朋友好不好？""嗯。"我依旧"惜字如金"。H就犹如一缕阳光温暖了我整个童年，让我体会到友谊的美好。因为在我肚子痛的时候她二话不说帮我做了值日，在我被同桌欺负时也是她不顾形象地帮我出气。让我第一次懂得了友谊。

　　那是小学二年级，我和H成了闺密，彼此唯一的。

　　后来，小学毕业了，我没有考上H所在的一中，我害怕这是我们从此的分界点。我们在学校后面的巷子里告别，告别整个童年，以及于我来说唯一的友谊。

　　一想到毕业后我们就要分离，再也没人会一下课就飞奔来陪我，听我所有的喜怒哀乐，便沉默地跟在H身边，一言不发。H是了解我的，我想她明白我此刻的心情，在一旁不停地安慰。可我还是忍不住悲伤泛滥，H不管到哪永远都是引人瞩目的焦点，身边从来不缺朋友，总有一天我会从H的记忆里彻底被淡忘，取而代之的是一群新朋友的嬉笑狂欢。就这样沉默地走了不知多久，H抬头对我说："傻瓜，毕业了不代表友谊的结束。"

　　我相信了H说的话，可当时的我忘了，所有的一切都会发生改变。如果可以重来我希望那条路可以长到没有尽头。

　　新生军训很快就结束了。在我初中生涯里第一次开学的前一天我顶着可以与包公媲美的皮肤去找H，在看到对方后，我们依旧默契地沉寂了三秒，而后爆发出放肆的笑声，指着对方不停地互损。直到笑得筋疲力尽，我们才走到那个承载了我们许多童年欢乐的秋千上，摇摇晃晃说着对新校园新同学的期待与不安，H说："好好努力听到了吗，三年后争取考上同一所高中，我们还在一起。""谁想和你考同一所学校啊。"我们针锋相对已经成为习惯，但我在心里重重地点了头，一种叫感动的情愫在心中蔓延。

带着心中五彩斑斓的梦想，我和H踏入了不同的中学，后来我才知道，带走的还有那场原以为会地久天长的友谊。

初中后的我们见面的次数越来越少，炎热的夏季赤日笼罩着整个城市，大汗淋漓的上班族在车站追逐公交的尾巴，许多事物都在阳光的侵蚀下发生质变。

开学后的几周我们再次相见，H的眼里倒映着我满脸的兴奋，而她依旧滔滔不绝地说个不停，只是这次让她不停地念叨着的是一个叫Y的女孩儿，她说，Y很善良，很活泼，有一双让她羡慕到死的大眼睛水汪汪的十分可爱……从H断续的语言里我在脑海里渐渐拼凑出了Y的轮廓，Y有着H最需要的正能量，我明白Y终有一天会代替我在H心中那独一无二的位置。

或许，过不了多久，那个独一无二，就成了曾经。

H不管在哪里永远都是最灿烂的焦点，她的笑声能很快地感染每一个人，身边从来不缺朋友，而我除了她，只剩下自己。

初中后的H出落成亭亭少女，先天的资本让她的人缘更好了。或许是习惯众星捧月的感觉使她不再安慰我，不再耐心地开导着我的种种困扰，一副不耐烦的表情常常使我欲言又止，她开始攀比，开始瞧不起某些"特殊人群"，例如差生、贫困生等。比起我，她更喜欢和Y在一起，毕竟再深的友谊都抵不过长久的时光，何况是一个固执忧郁的朋友。"和你做朋友好累啊，你每次都胡思乱想。说实话，我莫名地讨厌你。"H说。

终于，在一个赤日如火的日子，她冷却了那颗曾经被她于孤独中救赎的心。

那是一年一度的校篮球赛。对了，我们的学校竟在读完初一那年后阴差阳错奇迹般地合并了，篮球赛是在合并过后一起举行的。

最后一场决赛，剩下一中最强的班级和被吞并前我校原最强的班级，一中的最强班恰好是H所在的班级。比赛开始没多久就进入了高潮，赛前H信誓旦旦地对我说，就你们那种破学校肯定输定了。我默默点点头，不再与她斗嘴，因为她变了，变得让我感到陌生，她的脸上，是嘲讽，是不屑，这段友谊比尊严来得重要，所以我必须要忍让，一次又一地忍让，连同她怀疑我的智商、嘲笑我破碎家庭时一并忍让。可她永远都不懂她在说这些话时表面平静的我内心是怎样的波涛汹涌。

比赛结束了，我校班级胜利。但我更关心H，要强的她绝对受不了这样的打击。果然在我找到她时她红着双眼满脸泪痕。只是这次我想错了，她一字一顿地对我说："为什么他们那么努力，却得不到成果？"原来是因为同学情谊深厚并不是自尊受挫，我仿佛又看到了曾经那个一脸笑容对我说"我们做朋友好吗"的女孩儿，无邪纯真。

我抱住已经比我高了将近一个头的她："没事，比赛总有输赢，高中也有篮球赛。""可那时不再是这些人了你知道吗？"她吼道，"他们为了这场比赛付出了那么多，为了初中这场最后的篮球赛摔了多少次啊可他们都坚持了，为什么会输啊！""说明对手更加努力。""不！肯定没有。""别伤心了。"我知道她现在十分难过，可我依旧很嘴笨地只能说出这句最老套的话。H哭了一会儿，情绪渐渐平复，沉默许久后忽然一脸严肃地说道："我知道为什么我们班会输了。"

"想通了？"

"嗯嗯，对手先天条件好，你看他们最矮的队员和我们班那个最高的貌似差不多。绝对不关他们努力的事。"

几秒的无语后，我弱弱地答道："没准儿他们读书比较晚，年纪大。"

"对！你们那种破学校全部都是留级留了好几年的！"

"你不可以有这么消极的情绪哦。"我看着她一脸怨恨的表情忽然间冒出了这句话。

"哼，你知道我为什么讨厌你吗？你和Y最大的差别就是Y会陪我开玩笑而你每次都当真，要是Y在的话她肯定会和我一起骂，而你每次都这样！你知道你们的差距在哪了吧，这就是差距！"H几乎是没有换气地说完了这段话，很突然，又有点儿莫名其妙。

猝不及防的我终于在忍让了许久后也反击了，或许是因为她用Y和我做了对比触碰到了我心中的底线，也许是太多的委屈刚好H点燃了导火索，我尽量用最平静的语气道："那你有没有想过你自己，永远都那么高傲不容许任何人做出违背你意愿的事。"H似乎没想到我竟然说出了这种话，瞪大双眼仿佛要把我看穿："既然你是这样想的那就不要再忍了啊，每次我都要安慰你，你知道有多烦吗！"

H的背影渐行渐远，走得飞快的步伐没有半点儿留恋，我站在原地看着她的背影在路的尽头缩成一个点，赤热的骄阳冷却了我所有的激情，我知道，这次，再也回不去了。

没了H的我又开始学会习惯一个人，常常在发呆，缅怀这段曾经让人人都羡慕的友谊，然而，这段友谊在闷热的夏天也发生了质变，我们在陌生的人潮里沦为陌路。

翻开笔记本复习语法，在最显眼的位置我看到了H熟悉而又陌生的笔迹，好像是前不久她写下的："你像雨天，阴沉沉的天空很像你装满了许多心事，在忍不住的那刻会化为暴风雨席卷所有。我是热情的阳光，有情绪总是会不留情面地发泄伤害了你，偶尔有乌云也会很快被我驱散。我想我们其实是有很多不同的。"回忆渐渐浮现。

那日，H在笔记本上写下时我们正借着复习英语的美名关在家里的书房玩闹，她拿给我欣赏她优美的字体，我说她学不来文艺，只剩矫情，嘻嘻哈哈笑得永远那么没心没肺，谁也料不到几天后的我们形同陌路，成全了那句流行了好久的"最熟悉的陌生人。"

周五放学，我看到了H站在楼梯口，快速走下去，因为我有一句话要对她说，是有史以来我最决绝最果断的一句话。H抬头见到我仿佛有话要说却又硬生生地吞了回去，在她转身要走时我喊住了她："喂。"我承认这样的开场白确实很失分，但当时的场合实在不适合排场过大，好吧其实只是我太紧张语无伦次而已。H止住了脚步，回头喊了一声："死矮子！"我第一次破天荒地换了句台词："我今天是来和你彻底绝交的!"H的眼中闪过一丝十分明显的不可思议，我接着说道，"雨其实在有阳光的那一刻可以化为绚烂彩虹点缀天空。"

"死矮子你讨打是不是?"

初夏不见春

梦小半

杭州今年的春天，断断续续不长久也不断绝。冬天和夏天的快速过渡，淹没了春天的万物复苏。微雨淅淅沥沥好多天，好像春天的恋恋不舍。

寒假开学刚到杭州的第二天下了雪，南方的雪下得不大但染得绿草地蒙上了淡淡的白色，我和老大坐了一个小时的地铁跑去西湖看传说中的断桥残雪，可撑着伞的情侣，挎着单反背着三脚架的行者，蹦蹦跳跳的孩子，还有蹒跚行路的老人踏热了那条桥，雪化成了水融进桥里。当年许仙遇到白娘子的雨天，也不过这一场朦胧之色吧。

远处的雷峰塔隐在雾里，好像记忆里的人，坐在熟悉的教室，阳光的颜色跳跃在窗上，跳跃在额前，让脑海中的画面泛着鹅黄带着暖意，蒙眬了流失在过去的记忆。

老大在旁边叫我帮她拍张照片，她明媚的笑容拨开了雾气。

杭州的夜晚湿漉漉的，仿佛一场永远过不去的雨季。

我努力忽略一天以来的疲惫与失落，去看一本南笙的书。

那个风一样飘忽雨一样温柔的女子在镜头前面笑得坦然而神秘。

——如果可以，死后我的骨灰要分成四份。

一份找个锦囊，装于其中，做成项链，赠予爱人。

一份找个森林，埋于树下，化作春泥，命延树根。

一份找个深谷，撒于山下，被风吹散，流浪天涯。

一份找个海边，撒于深海，随波逐流，渡向来生。

渡我到我的来生。

字不含禅，字里行间却满是禅意。

我非信佛之人，但我信仰生命。或许生的缘由死的归属不是我们能够参透的道理。很多大人们总是语重心长地说，你还小，走过的路还没有我吃过的盐多。

夏有凉风，刚好拂起哪个女生耳边的碎发。凉如水的夜晚，古琴缠来丝丝清音，绕过宿舍床边的明信片。看着南笙杂记似的文字，我忽然觉得，其实缘起缘灭本来就在一念之间。好像那年你喜欢过一个男生，为他学唱过一首伤情的歌；好像那年你依赖上一个孩子气的老师，为此深夜挑灯熟读课本只想争个好成绩让他笑一笑；好像那年你因为一句话爱过一本书，因为一个明星追过一些剧，因为一个图片转发了一条说说。

好像那年，只因为一个名字选中了一所学校一个专业，一个你给自己的未来。

而这些，无关生死攸关的大事，却让你变成以后这样的自己，且没有退路。

知道我是东北人时，很多人问过我为什么要报这所南方大学。

我总是玩笑似的回答，被古人的诗句骗了呗。

水光潋滟晴方好，山色空蒙雨亦奇。为了远方的情结，为了苏杭的情怀，为了青石板路小桥流水人家的美梦，我当初这样想着绝不后悔。报好志愿的那一刻，甚至长舒了一口气，终于一切都结束了。

结束高中结束高考结束这么多年苦苦的求学长路。

或许每个孩子都有这样的梦想。早上，睡到自然醒、喝点儿粥、听个小曲、上堂喜欢的课，然后去吃午饭、睡个饱饱的午觉、看本喜欢的书、喝点儿喜欢的饮料，闲闲淡淡一午后。多么完美的大学生活。

可惜真的过上才知道——

一上午只有两堂课，可一堂课半上午。什么大学下午都放假的鬼话都是骗人的。晚上自习算最轻松，做起实验没个尽头。

都说社团锻炼人，做不到领导勉强算个跑腿小工。

明星大腕儿一个个都来开演唱会，明明近在咫尺其实没票一样看不到。

串着教室和不同的人一起上课听上去很爽，其实上得多了发现差不多都是固定的人罢了。

课程依然是学校安排的，自选的公选课上也只是看看杂志补补作业。

再没有高中的纯粹喜欢，那年心中干净的少年已经不再有第二个人可以取代。

就连传说的瘦西湖，也只看得到人头攒着人头，当真没有尽头。

其实很多东西并不如我们想象中的美好。是我们太自以为是地用自己的臆想赋予了它完全不同的表象。

刚上大学的时候，很多人怀念高中纯粹的感觉。

不久之后，更多的朋友不再联系。

忽然有一天你发现自己的圈子已变得不同，当初的人们已经不熟。

而你还要继续往前走。

走哪一条路呢。

走那条你必须告别过去往前看的路。

走这条你已经做出选择没有了退路而你注定要前行的路。

可是又有什么关系呢。

纵然我们毫无经验的选择只为走出一个小城，纵然我们还摸不清方向看不清未来，纵然我们每天痛恨自己的不努力羡慕别人的全力以赴，纵然我们陷在一群人里分不出别人也无法让别人辨出自己，纵然我们终有一日要变得同身边的大人们一样柴米油盐酱醋茶庸庸一生。

又有什么关系呢。我们依然还在开着这个年纪的玩笑，在朋友面前肆无忌惮地爆粗口，不开心可以吃顿麻辣烫把悲伤和着鼻涕眼泪扔进垃圾桶，听着父母长辈没完没了的唠叨，然后依旧偷偷看自己的杂志小说、追自己的韩剧、打自己的篮球、追自己的妹子。

我从来都不喜欢年少轻狂这个词。

它太重太沉会压弯了我们年轻的脊梁。

看自己喜欢的书赏自己喜欢的风景。走过一段属于自己的时光和路。

该玩的时候尽情地疯，该努力的时候绝不含糊。

做更好的人才能走在更好的路上。

那一年的盛夏，我们还守在炎热拥挤的课桌后，跟同桌开不大不小的玩笑，偶尔传来谁的绯闻被一群有着明媚笑容的女生悄悄地咬着耳朵。

而如今，又一群孩子被迫面对一场无关以后却有关未来的战役。一如那年的我们，看不到尽头的日子，却像车轮一样在我们不甚清楚的时刻辘辘辘辘地急速向前，不管不顾我们茫然而不舍的眼神。

但是直到现在我仍然记得那年那天的那个清晨。

天是晴的，早上的阳光已经可以烤得脸暖暖的，唯独教室里的空气因为人还不多显得清凉而爽朗，教室正中央的屋顶漏着昨夜的雨，落在早早被值日生备下的盆子里发出嗒嗒的脆响，有几个同学趴在自己的座位上浅浅地睡着，某个正在看课本的同学听到响声抬头向我轻轻地问了句早安，黑板上的倒计时又被我减了一天，我擦干净黑板回到座位上做出一道昨天研究很久仍然很困惑的题目。

破旧的教学楼炎热的夏天，却直到现在都让我记得那一刻空气里安稳静好的味道。

杭州的今夏不见春，却最是让我想念那一年时光深处的盛夏光年。

我们都从那里蹒跚而过，听到过那年夏天的风声呼啸不停留。

我们都曾用彼时的我们最羡慕的大学生活来怀念那个最是累身累心的战场。

如今我们站在当初向往或不曾想过的土地上，想念我们那年忽略过的简单时光，也许就像以后的我们后悔今天的罔顾昨日，悼念今天可以肆无忌惮的孤独。

　　那年六月盛夏

　　白衣彩裤奋笔疾书

　　而今雨季初夏

　　春已不再盛夏不来

　　少年也已远方不归家

如果记忆化成风

沐子眠

我在书上看到过样一句话：不在深夜痛哭者，不足以语人生。

十六岁的那一年，我常常在深夜独坐，看书写字听歌或者发呆，也偶尔矫情地流点儿没有缘由的眼泪，所以我不足以语人生。内心里有最为隐秘的少女心事，都被我写进了日记本。

成长是一种历经凄楚的蜕变，可是现在的我并没有蜕变成十六岁时渴望成为的那种样子，依然在骨子里骄傲着，依然懒散到做什么事情都漫不经心。

不知道在什么时候，我的世界里刮起了一阵风，让我产生了时光回到了十六岁那一年的错觉。我知道，温柔环抱着我的那阵风，叫记忆，我突然跌进了深深的旋涡。

进入青春期，我的脾气变得乖戾，对所有的事情都敏感到不行，也开始在乎所有外在的东西。

我每天早上都在镜子面前一待就是好长时间，脸上多了一个小痘痘我都能马上看出来。我一直深知，自己长得不漂亮，这让我特别苦恼。彼时我当着班上的纪律班长，有着所有的骄傲与自卑，它们矛盾地存在于我的内心深处，生根发芽，枝繁叶茂。

班里的男生们平日里都嘻嘻哈哈，少数几个从来就不遵守班规班纪。在自习课上，我像个女王一样命令他们闭上嘴巴，上课时间不要打扰别人学习。可能是平日里我的骄傲就表现得过于明显，男生们对我忍耐多时终于达到了量变到质变的"升华"，刚好趁着这个机会爆发。他们对我恶语相加，每一句话都那么轻而易举地刺激着我敏感而脆弱的神经。我委屈地掉下眼泪来，但是没有一个人同情我，所有人脸上都是一副看好戏的表情。

我去办公室找到班主任说，希望能重新选个纪律班长，我当不下去了。全班五十八个人，匿名投票，最后在黑板上计票，我的名字后面一个"正"字只写了两笔，那是一个笑话，突兀地出现在黑板上和每个人的眼睛里。那个时候，我内心有深深的绝望蔓延开来，让我觉得这个世界从此再无美好存在。

我喜欢上了隔壁班的一个男生，他叫范如枫。情窦初开，我郑重其事地把这个秘密告诉了和范如枫同班的闺密蓝奕，还警告她绝对不许告诉别人。蓝奕在知道这个秘密之后总是细心帮我观察着范如枫的一举一动，发生了什么有趣的事情她就在事后悄悄讲给我听。比如他喜欢玩的游戏，他喜欢哪个明星，他上课常常睡觉，他唱歌很好听。有那么一节政治课，范如枫睡觉被老师叫起来回答问题，他站起来茫然地说不出一个字，老师问他叫什么名字的时候，他依然沉默着，那个戴着黑框眼镜的男人彻底被他的态度激怒了，三步并作两步从讲台上走下来，翻开他的课本，扉页上一个名字被重复写了好多次，挨挨挤挤着几乎再也找不到空白的地方。老师惊讶地问那个一直沉默着的男生："你叫李宇春？"于是全班哄堂大笑。当蓝奕这么讲给我听的时候，我也笑了起来，我说，我喜欢着的这个男孩儿怎么可以这么可爱。

我和蓝奕常常去教学楼的楼顶，我总是站在围栏边往下看，目光会不自觉地寻找范如枫的身影。有那么一天，我对着那个再熟悉不过的身影叫了一声他的名字，趁着他还没有看见我赶紧躲了起来，然后我和蓝奕在楼顶上哈哈大笑。

我喜欢范如枫的名字，在不经意间看到周杰伦有一首歌的名字叫《枫》，我还特意去校门口的商店买了有这首歌的磁带，每天放在用来听英语听力的复读机里反复听这首歌，快进快退，不厌其烦。参加学校的征文比赛，我的作文题目就只有一个字，枫。就连邮票设计比赛，我也乐此不疲地画了一棵枫树，骄傲而美丽的。做着这些事情的时候，我的心里总能充盈起无数的快乐。我总觉得，这些事情会让我一点儿一点儿，慢慢地靠他更近。

班里的男生偷看了我的日记，从此秘密不再是秘密。我变得更加自卑，每次从范如枫班级门口经过，我都感觉有人在嘲笑我。那个时候我再也没有心思去注意范如枫，我只是希望中考能快点儿到来，然后随着中考的结束，所有的事情都无疾而终。

临近毕业的那段时间，同学录满天飞，我在各种各样的同学录里我的梦想那一栏写上"歌手"两个字，同学录收到多少张，这两个字就被我写了多少遍。

那个时候MP3对于农村的我们来说还是很稀有的东西，我们听歌的工具都是录音机或者一个小小的十几块钱的随身听，装一对电池就能搜索到许多电台。在很长一段时间里，校园里几乎人手一个随身听，走到哪听到哪，然后不停地跑去商店买电池。听到好听的歌就认真地把歌名记在本子上，想着自己以后有钱了就去买个MP3把这些歌都下载下来，想听多久听多久。

我生日的时候几个好友送给我的礼物都是翻录的流行音乐磁带，我把它们当宝贝一样带回家，然后在晚上的时候用录音机躲在被子里偷偷地听。有那么一次，我跟着耳机里的曲调一不小心就唱出了声音，我不知道当时我的声音有多大，以至于惊动了睡在楼上的妈妈，她在窗口冲我喊："这么晚了唱什么歌，赶紧睡觉！"我心惊胆战地把录音机收起来，然后躲在被子里偷偷地笑。

做个好梦吧，会有人在梦里听我唱歌吗？

时光跳转，我被现实从记忆旋涡里拉出来。

现在的我，再也没有了当初的热情与冲动，再也不会把成为歌手当成自己的梦想，再也没有那么用心地去喜欢一个人，再也没有了像蓝奕那样可以分享所有秘密的好友。

十六岁的黄梦瑶，在这一场兵荒马乱的成长里，请你原谅我没有那么用心那么努力，请你原谅我没有完成你的梦想，请你原谅我没有长成你所喜欢的模样。

但是，请你接纳并喜欢现在并不完美的自己。

如果记忆化成风

孤单的路我一个人走过

铍 盏

中学时代的我，一直被留级生这个词困扰着。前两天和朋友从饮吧出来，两个小孩儿风风火火地从我们身边跑过，嘴里喊着："降级包，啃辣椒，老师一打就蹦高！"

我当时身体一顿，过了好久才反应过来，原来即使我不再对留级生这个身份上心，有些东西依旧潜移默化地影响了我。

初二那年，由于多加了一科物理，一直理科弱的我成绩直线下滑。明明花了很多时间在物理上，可依旧一窍不通，反而拉低了其他科目的成绩。

"1885年，台湾就划为单一行省了，谁教你台湾隶属福建的！"

"完形填空错一堆，又没背单词？"

"这么简单的电路图都看不明白，中考不得废啊！"

被办公室五个老师轮流批斗一遍的我拿着月考卷子回了教室，恍恍惚惚地踩了旁边男生一脚，被吵醒的男同学一看是我，坐起来就开骂。因为性格内向，平日没什么朋友，加之学习成绩不突出，脸上也冒了不少青春痘，邻座男同学平时就对我看不惯，一整节自习课他都在我耳边变着法地辱骂我。那时我在想，也许我把这一辈子所有难听的词汇都听尽了吧，而事实上，后来我也确实没有从别人口中听到那么多让人一想起来就齿冷的句子。

于是在这种痛苦交加的情况下，我休学了。

八月的某一天，阳光明媚。再次踏入这所学校是三个月后，我整整休学了三个月。本想等待我的会是一次美好的人生转折，可事实却并非如此。

以前的同学都升了初三，每次在校园遇到的时候，有些人会装作没看见，心照不宣，这样最好；可依旧会有些男生上前揶揄，在我耳边大声喊着我不愿意听到的那三个字；作为新插班进来的人，也没法和已经相处了一年的同学打成一片；更改学籍，打点老师，这些糟透了的事简直要将我击退，我不想念书，我已经没法在这个学校待下去了。

我回家哭闹，说想要换个城市生活，可我爸不肯。你知道，孩子在青春期时的心理问题在大人眼中一向是微不足道的，他们总是认为这只是一定时期的叛逆，过去了就好了。没有人知道，在那些被嘲笑、被歧视、没有任何人引导的日子里，我是怎么度过的。

按小说情节推断，这个时候一般会出现一个配角，或良师或益友，帮助主角在迷航中找到方向。而我却没有如此幸运，班主任认为我在学籍更换方面给她添了许多麻烦，父母则经常在我耳边念叨什么你要是不休学现在不就上高中了吗？坚持一下不就过去了，有什么大不了的？谁不是从那个年龄过来的？那个时候，我在网上认识了很多抑郁症患者。我跟他们同样厌世、怯懦、逃避自我。而我跟他们不同的是，他们的父母或是爱人肯对他们进行开导，甚至进行住院治疗，而我的父母只知道在我耳边唠叨，甚至连带我出去散心都没有想过。

于是，在这种比休学前更为昏暗的生活压迫下，我爱上了在夜深人静的时候敲键盘，我的故事从来不用第一人称，我没有把那些情绪寄托在小说里，只是偶尔写到某个情节时，会有泪水湿润眼眶，但我从来没有让它们掉落在键盘上。

再后来，我考上了本市的一所市重点高中。

没错，一直没有任何努力的我就这么破天荒地捡了个大便宜。我想也许这是老天实在看不惯我这样不敢自杀又不敢好好活着的半吊子，打算放我一条生路。

打从坐在高中课堂的第一天起，到现在坐在剑拔弩张的高二教学楼里。两年的时光并没有让我养成好好学习天天向上的习惯，不过幸好我选了文科，再也不用面对怎么也学不会的物理。其实今天我坐在教室里的时候还在想，当年我到底是走了狗屎运，还是判卷老师看走眼让我来到了这个地方，不过既来之，则安之，不用烦恼理科的我，也一直在朝着好的方向迈进。

现在我每每回想起初二初三时那些个浑浑噩噩的夜晚，我甚至还能想起缩在被子里哭得缺氧时脑袋一抽一抽地疼痛的感觉。听到留级生这个词时，我不再会恼羞得想要死掉。但依旧会瞬间沉默下来，我相信，它已经在我的心上烙下了一个不灭的印记，即使光阴流转，被揭起的疤痕依然会疼痛。

不过庆幸的是，我毕竟从那黑暗里走过，并且是我独自一人走过。感谢我自己，虽然有时绝望地想要离开这里，但毕竟还是没有放弃。正因为那份在谷底摸爬滚打的坚持，才有了现在可以如释重负写下这些文字的我。

曾那样孤单的路我一个人走过，那以后的我，便没有了可以轻言放弃的理由。青春的道路总是苦涩的，就算没有并肩作战的人，我依然能够笑傲沙场。

阡陌回忆

　　我坐在回家的班车上，陌生的事物一幕一幕向后退去，越来越接近的是从小到大熟悉的风景。金黄色的稻穗，湛蓝深远的天空，轻灵自在的云朵，闻着一阵一阵沁人心脾的桂花香，此刻我只想感谢上天如此丰富多彩的馈赠。珍惜所有拥有的，趁我们还没有失去的时候。

　　如果记忆化成风，请带着这一场我不愿醒来的梦。

陈小年，要记得微笑成长

陌　忆

1.哥们儿，脑子秀逗了吧

当我在球场边对好兄弟阿浩说我想追陈小年时，他二话不说直接把那脏球衣扔在我头上，用一种不可思议的表情把我从头打量到脚，然后捶了一下我的肩膀，嗤笑道："陈小年？就是那个回头率百分之百Ａ中鼎鼎有名的丑女陈小年？你脑子秀逗了吧？来来来，让哥看看你有没有发烧，别是烧到连审美观也有了问题……"

"你把猪蹄给我拿开！"我甩开他的手，把球衣又扔还给他，"陈小年怎么了？不就是容貌不如人意了点儿吗？可我就是想追她，你有意见？"

"那是相当的有呀。"阿浩瞥见我微微眯起的双眼，又讨笑道，"不过青菜萝卜各有所好，我只是奉劝哥们儿一句别玩得太过，小心回头她缠着你不放，到时有你好果子吃。"说完他拿起放在脚边的篮球，又重重拍了下我的肩膀，一脸语重心长，"前途是光明的，道路是曲折的，向上吧，少年！"

阿浩说着便跑回球场上去了。我转头看向场外，几个面容姣好、身材修长的女孩儿抱着书嘴角扬着漂亮的弧度望着球场上飞跃的人影。

她们周围的空气，嗯，我想，应该是充满甜蜜的味道吧。

　　不知怎么就想起了陈小年。她在干吗呢？应该又是埋首啃书吧。她是那么努力，似乎想用学习这股冲劲来缓解心里的寂寞。她总是一个人独来独往，不跟人说话，也没人理她。有时我总觉得，真实存在的不是她这个人，而是她那些被人用放大镜照过的不完美。

　　我把双手枕在脑后，靠着椅背，抬眼看着几缕细碎的阳光透过树隙洒在眼眶里，明媚却不刺眼。我知道，说我想追陈小年任谁都会觉得我在开玩笑，倒不是说我自恋，可好歹也是个收过情书让女孩儿告白过的，怎么就会想去追陈小年那样的女孩儿。除了是一时兴起或者是想让她难堪，没人相信我林哲会真喜欢陈小年。

2.一个脸上有伤疤的女孩儿

　　陈小年刚到我们班时，我正百无聊赖地在桌下玩手机，突然一阵爆笑声把我的视线吸引到讲台上，刚好看见陈小年高高扎起的马尾以及左脸颊一块巴掌大类似胎记的伤疤。

　　我一时愣住了。天啊！她是怕她丑得不彻底吗？大号的校服穿在她身上一点儿也不显得瘦小，更可笑的是她脸上的伤疤，在这个连脸上长一颗痘痘都要极力消灭的年纪，有谁敢把这样的残缺暴露在空气中？不知道这个女孩儿是心思太单纯了还是太有自信了。

　　"我叫陈小年。"女孩儿的声音不卑不亢，不算悦耳的声线却让人有些舒服。我看着她从老师手里接过书本，在同学们的嬉笑声和窃窃私语下坐到我前面的位子上。

　　她的同桌坐在外面没有想让开的意思，陈小年有些辛苦地挪动着身体想坐进里边，那同桌突然不耐烦地吼了句："那么胖还要坐在窗口，不怕把我们的新鲜空气都给挤走吗？"此话一出，全班又是哄堂大笑。

　　班主任适时出来解围："从现在开始，陈小年同学就是我们班的一员了。大家要团结友爱，互相帮助，不要歧视。这样吧，陈小年，你和同桌对调一下位置。"

陈小年抱着书坐下，同桌抱怨道："长成这样不在家躲着，跑出来干吗？真是让人倒胃口！"声音不大，可我们周围的人都听得清清楚楚。陈小年握着书本的手只是一抖，却一脸平静。是被说习惯了吧？瞧着她同桌一脸嫌弃，我懒懒开口道："这不正好可以衬托出你的倾国倾城吗？"

"呸，我又不是女的，你才倾国倾城，你全家都倾国倾城。"

"谢谢夸奖。"我笑道。眼角望见陈小年瞥过来的视线，虽然只有一瞬，可我还是感到一丝凉意。虽然我不想用如果眼神是刀，早就体无完肤的幼稚比喻，可我还是想说，如果陈小年刚才望过来的眼神是一支利箭，我早就去见耶稣了。

苍天作证，我只是用一种较委婉的方式来帮助一个弱小……呃，无助的女孩儿，看看，我是一个多么有同情心和听老师话的好学生啊！

不过很显然，有人根本不明白我的好心呀！

3.一个笑起来有浅浅梨窝的女孩儿

有人是因为长相出众而被人所识，而陈小年恰恰相反。几乎每个见到陈小年的同学都会看着她脸上的伤疤指指点点，似乎要把她脸上的伤疤给盯出个洞来。流言是可怕的，因为在这些流言蜚语面前所有的解释都苍白无力。我以为陈小年会受不了而转学或偷偷躲在角落里哭，可我每次看到的陈小年都是扎着高高的马尾，昂着头，走在青春靓丽的学生里。明明是同样的年纪，可她却总显得那样格格不入，仿佛被隔阂在另一个世界。

虽然我跟陈小年是前后桌，可我们根本没说过话，她总是有写不完的作业，我总是有打不完的游戏。

一次上数学课，我望着陈小年的后脑勺儿，突然不知怎的手就不听使唤地扯了扯她的马尾，她的笔略微停顿了一下，没有理我，我又扯了一下，这下她终于转头了，双眉紧蹙。其实忽略那块伤疤，陈小年五官也算蛮清秀的。我望着她，她皱着眉头，然后把头发弄到身前，缓缓吐出两个字："无聊！"说完转头不再理我，我一时心急，脱口道："陈小年，你听我跟你说呀……"

当时老师刚好在讲台上解一道函数题，全班静得掉下根针都听得见，我这么一叫，大家的目光都往我们这边扫。

陈小年无奈抚额，她同桌和我同桌都一副"你脑残"的表情望向我。数学老师放下课本，于是我被"请"到走廊上望蓝天白云去了。

过后同桌一脸意想不到地看着我："哲哥，没想到你好这口儿。"我直接把书包砸在他脸上。

不过放学时我还是说出了那句话，我说："陈小年，其实别人的目光确实不怎么重要，不过你要是把头发放下，可能更好，耳根子还能清净一点儿。"

她回头瞪了我一眼，又迅速转过头，虽然还是面无表情，但她转头的瞬间我看到她脸上扬起一丝弧度，嘴角有一个小小的梨窝。

不知怎的心情突然大好。

4. 一个和流浪猫说话的女孩儿

通常一时风起云涌的事总有一天也会风平浪静，再怎么有名的人物也会被其他新人新事所顶替。陈小年只不过是一个小小人物，被人认识讨论几个星期，也就没什么新鲜感了。她依旧每天独来独往，依旧没什么人跟她说话，依旧每天都扎着一个高高的马尾，依旧整天把自己埋在题海中。

而我——

"陈小年，钢笔借我一下……"

"……"

"陈小年，你这破笔在哪儿买的啊，写起来手感差极了……"

"……"

"陈小年，涂改液我用一下，怎么一用你的笔我的字就错那么多呢……"

"……"

"陈小年，你这涂改液肯定过期了吧？怎么都不能用了……"

"……"

"陈小年……"

……

忍无可忍，无须再忍。她都不知道什么时候得罪我这尊活佛了，总是这么整她。

我瞧着陈小年想大叫却又不能发脾气的模样，总觉得这比她那死水般的表情好多了，至少多了那么一点儿生动。

她同桌转头突然幽幽地对我说道："哲哥，你这种追女生的方法落伍了。不过你的口味还真重呀！"

"去死……"

日子就这样悠悠流过，无趣却也充实。陈小年也不总板着一张脸了，虽然她依然还是一个人。班里还是没什么人跟她说话，但也不再有人对她指手画脚。就连她同桌也不再对她冷嘲热讽，偶尔还会问她一些数学题。

有天放学后，我在路上闲逛，忽然看见个熟悉的身影。其实陈小年的背影很容易辨认，不是单从她的身型，而是明明脆弱得要命的人，却硬要装出一副我不在乎我没事的骄傲模样。

本想跑到她身后吓她一跳，不料她突然蹲下身，我顺着她的视线看过去，原来是一只流浪猫在咬她的裤腿。

她习惯地皱了皱眉，而后把小猫抱开，想要继续往前走，不过小猫锲而不舍地咬着她的裤腿。

"你别跟着我呀，我不能收养你的，懂吗？"

很显然猫听不懂人话的，它还是缠着她。

"你跟着我做什么呀？我已经习惯一个人了，不需要有一个陪伴的！"

"你也很孤单吗？可也要学着习惯呀，不然以后有一个先离开了，我们还得重新习惯，那不是一种解脱而是一种折磨……"

我看到陈小年低下头揉了揉眼眶，突然就停下前进的脚步。我知道她哭了。那个连微笑都要小心翼翼、那个被嘲笑被讽刺、那个总挺着背脊孤单走在形形色色的人群中、那个会被我气得脸颊发红的陈小年，在和一只猫的对话中——哭了。

我突然觉得左胸口的某个地方钝钝地疼。

日落西山，路上依然有行人车辆来回奔波着。陈小年直起身体看到伫立在离她不远处的我，愣了愣，转身擦了擦脸，回头凶巴巴冲我喊道："你在那儿干吗呢？"

我走近，抱起流浪猫，有些无赖地笑了笑："陪你一起回家呀。"

5.一个叫陈小年的女孩儿

晚上阿浩打球回来时，我正窝在床上闭目养神，阿浩走过来踢了踢我的脚："别装死尸了，饭盒都给你打好了。"

我一骨碌爬起来，问道："为什么你们都不相信我是喜欢陈小年的呢？"

阿浩莫名其妙地望了我一眼，笑道："怎么？连当事人都不相信吗？"

我有些郁闷地望向窗外，耳边又浮现出陈小年说的话："林哲，你要怎么玩都没关系，只是别把喜欢呀爱呀这些东西挂在嘴边。不是说我配不上你喜欢之类的，而是我玩不起感情。而且，你对我也可能只是同情而已。"

我有些烦躁，挠了挠后脑勺儿："我又不是白痴，喜欢和同情还分不清楚吗？喜欢就是喜欢呀！"

"正因为如此才不可信，哪会无缘无故就喜欢一个人的？有相貌有身材还另当别论。一见钟情你们也谈不上呀。"

"日久生情不行吗？"

"你们才相处多久？咱们都快要三年了，怎么不见你对我生情呀？"阿浩煞有其事地喊道。

"……有本事你去做变性手术让我喜欢看看……"

日子跟着太阳不厌其烦地东升西落，时间日复一日地重复流逝。我和陈小年依然不咸不淡地相处着。我还是喜欢扯她的马尾同她借东西，她有时仍会被我气到脸色铁青发红。偶尔我还会陪她走一段路再返回宿舍，我没再说喜欢她之类的话，她也不排斥我的接近。

"你知道我脸上的伤疤怎么来的吗？"有一次过红绿灯时，她这样问道。

我抬眼错愕地看着她，我不是不好奇，只是那可能是连她都不敢回视的过去，我一个局外人又怎能涉足呢？

"过去的事儿就别提了。"我转过脸，看向红灯。

"就在那儿，"她伸手指着斑马线，"在那个地方，我的脸受伤留下了伤疤，还有，我妈妈……你不知道那时我有多么叛逆，整天逃学骗爸妈的钱跑去网吧玩。一个下午，我妈不知怎么就知道我又要跑去网吧，她当时就只穿了一双拖鞋，在那么热的天气下追着我跑了几条街，手里还拿着东西。我以为她要打我，就一直跑，准备横闯马路时我妈还拉住我，可你知道我当时怎么做的吗？呵呵，我竟然甩开她的手，然后，一辆卡车突然失控向我们驶来……你说，怎么就那么狗血呢？后面还有更狗血的呢！我妈……"

"别说了！"我突然吼道。如她所说，这种事，结果不都一样吗？

有人偏头看我们。这时绿灯刚好亮了，行人们都陆陆续续走开，空气里似乎只能听见陈小年的哽咽声。

"你说我当时怎么就那么无情呀？她那个下午只是给我送午饭呀，我却以为她是要责罚我，让她追了那么久，还……"

我终于明白为什么陈小年让脸上的伤疤暴露在空气里了，她是在惩罚自己，也在提醒自己，她曾因为自己的任性失去了一个至爱的亲人。

"从失去妈妈后，不知怎的嘴巴一空下来就喜欢不停地吃东西，就算吃不下也硬强迫自己吃，以至于有一段时间闻到食物的味道就想吐。可我只是怕，怕妈妈在另一个地方也要担心我有没有吃午饭，她为了我付出太多了……我知道有些错误会被时光原谅，但有些不会，我脸上的伤变成了伤疤，心里的伤怕是也要追随一辈子……"

我转头看向陈小年。她依旧仰着脸，嘴唇紧紧抿着，似乎沉浸在过往里无法自拔。霞光照射在她脸上，连那伤疤也被泪水渲染得分外晶莹闪亮。

"陈小年，"我说道，"要试着一个人继续往前走，不要再拿过去惩罚自己，要记得边微笑边成长。"

047

"嗯。"她突然转头对我微笑，嘴角扬起的弧度张扬而明媚，脸上还有未干的泪痕，然后有更多的液体从她眼眶流出。她用手臂蒙住眼睛，昂着头，"妈妈，以后我要试着一个人往前走了。"

红灯亮了。不知哪里来的勇气我走过去一把拉住她的手腕："陈小年，以后的每个红绿灯，我都陪你一起过……"

他——回来了，又离开

墨小虾

傍晚的风，有点儿阴凉，我坐在门口，看着并不纯白的天空，几只小鸟在天空嬉戏回旋，耳塞里回荡着周杰伦的《以父之名》——

闭上双眼我又看见

当年那梦的画面

天空是蒙蒙的雾

父亲牵着我的双手

轻轻走过

清晨那安安静静的石板路

……

眼泪突然止不住落了下来，我竟也未发觉。妈妈半蹲在我的面前，紧张地抹拭我脸上的泪痕，关心着是不是我的胃病又犯了。然后不等我回答便跑回房间，慌乱地找出了胃药，斟了一杯开水给我。我看着她那么担心的模样，看着她因为日晒雨淋而变得粗糙黝黑的皮肤，看着她耳际的几根白发，突然那么心疼，多么害怕她也会突然离我而去，于是眼泪再次泛滥。她抱着我说："婷婷，傻啊，不哭啊。"然后，我便慢慢停止了哭泣，因为我知道，我已经不可以不坚强。

1

那年我六岁，听说在外工作的他跟了一个女人，之后就再也没有回来过。以至于我已经忘记了他的模样，忘记了他的声音。

十四年来，他没有回来过一次，也没有打过一次电话回家。我不恨他，真的一点儿也不恨。只是我会想念他，每一次听着同学在我面前讲起她们和爸爸之间的点滴，我总会想着若有他在，我是不是就可以不那么坚强，是不是也如她们那般，像个骄傲的公主。也许是因为太过渴望父爱，我的梦里经常会出现一个男人，牵着我，就像小时候他牵着我那样，但是我总也看不清他的模样。

中考那年，我总有预感，他会回来，回来陪我度过中考。可是他终究没有在我的期望下回来。

不知不觉，我又在2012年迎来了我生命中一个重要的转折点——高考。终于，在高考前一个月，我突然接到他的来电。这个我一直等待了十四年的电话。

"请问是婷婷吗？我是苏帆，你的爸爸。"

突然听到这个十四年未曾听过的声音，我的眼泪便止不住了，哭了许久才缓过来。那时，我的心里没有恨。只是，对于他，我还不能喊出爸爸。毕竟，这个称呼在我的世界已经尘封了十四年。

"十四年来，你去哪儿了？你为什么一直不回来？你有想过我和妈妈吗？"电话这头的我，竟然有点儿慌乱，声音止不住地颤抖，伴随着啜泣……

"婷婷，别哭，好吗？爸爸不是没有想过你们，只是爸爸没有脸回去面对你们。"听了这话，我心里竟然松了一口气。我宁愿相信他是有着天大的苦衷，也不愿意相信他是个抛弃妻子的坏人。

……

只是波澜的内心，还是让我依旧不停地啜泣，而他也只是沉默，时光像是静止了。

"这么多年了，我总觉得欠你们太多。婷婷，把你银行账户发给爸爸吧，爸爸想给你们一点点补偿。"

"我不要。我只要你回来，回来陪我高考。妈妈不会怪你的，她一直在等你回来，我们一直在等你回来！"我真的只要他回来，回来便一切都好，我觉得我需要一个家。那是我十四年来一直的梦想。

……

电话的那头，沉默了片刻，他终究答应找个合适时间回来。于是我便躲在等待的希望中存活，才发现亲情原来可以存活很多年，穿越很多年。

2

高考一天天地临近，我竟然没有了恐慌。因为他就要回来了，我觉得他就是我的天，我的庇护大伞。

2012年5月18日。妈妈给我打了一个电话，叫我回家一趟。我突然有了预感，是他回来了。在快要踏入家门时，心里竟然莫名的紧张，不知道要怎么面对，不知道要用什么作为我们的开场白。十四年，其实是个很长的数字，阻隔了太多的东西。

"你好。"看着他，心里的第一个念头是：我有爸爸了。那时，我多想叫他一声"爸爸"，但是那个字眼儿却像一个骨头卡在喉咙里，我终究说不出来，毕竟"爸爸"这个称呼在我的生活里消失了很久。

"这就是婷婷吗？原来已经这么大了。"他微笑地看着我，有点儿愧疚，有点儿宠溺，或许还有一丝紧张，他想走向我，却又有点儿犹豫。

妈妈淡淡的声音响起："这是你的爸爸。"我看着他，尴尬地笑了笑。我看不出妈妈的表情是喜悦，还是忧伤。

那个日思夜想的爸爸就在眼前，那个幻想了无数次的见面就在当时，可是我却没有上前牵住他已经苍老的手，只是像个陌生人般与他对视。即使我的内心充斥着满满的欣喜还有各种复杂的情绪。

是他回来了，是我的爸爸回来了，回来陪我高考。

3

临近高考，太阳总是那么毒辣。坐在教室里，即使有风扇，吹出来的风还是热的。

他知道了我的胃不好，也怕我太热，受不了，于是特地去市上一所比较好的诊所，叫中医按照我的身体情况开了一张药单。

因为家里离学校远，他便在学校附近租了一个房子，一来方便给我熬药，二来可以给我做饭，他知道我就是因为吃饭不规律才造成的胃病。所以每次他都要监督我吃饭。而且那样，我也不用每天挤饭堂吃那些没有多少营养的饭菜。

那段时间，是快乐的，那段时间，是幸福的。因为有他在。他重新给了我，那些我缺失了十四年的父爱。

051

4

在他的陪伴下，黑色的6月，我终于安然度过高考。

高考后，他带着我和妈妈去了一趟云南。说是让我一直紧张的精神有个放松，也给我们那么多年一点儿小小的弥补。我终于开始叫他"爸爸"。即使叫得有点儿别扭，但是他的脸还是笑成了一朵花，他疼爱地拍拍我的头。妈妈在一旁安静地看着我们，幸福地微笑。

暖暖的阳光下，看着左右手旁边的他们，我才发现幸福原来那么简单。我拉着他和妈妈的手，在昆明"七彩云南"的许愿池边，偷偷许下了一个愿望：以后的日子里，一家人要一直幸福快乐地在一起。

我抱着他给我买的各样小礼物，幸福地走在路上，像个骄傲的公主。原来，只要他在，我便不再是灰姑娘。

5

9月，南方开学季。秋天的风微凉。

他说，他要离开了。我问，什么时候才回来。他说，也许很久很久。因为他还有一个家，那里也有一个女儿。我才知道，原来我不是他唯一的宝贝，才知道十四年来他不曾回来，是因为他还有另一个幸福的家。也许，十四年来他未曾想念过我。那一刻，眼泪便崩溃了。我想起了在许愿池前我许下的那个愿望，想起那时他和妈妈幸福的笑脸，想起我叫他爸爸时他笑得那么灿烂的脸……原来一切都只是海市蜃楼。而我却当了真。

眼泪终究无法挽留他要离去的脚步。妈妈抱着我说："我们彻底结束了，他回来只是为了一纸离婚证书。"看着妈妈伤心的模样，我突然后悔为何当初要叫他回来，我宁愿他一直不回来，至少不回来他在我的心里还是完整的，至少妈妈还是有着等待的希望。

可是我又怎么能恨他，毕竟他是我的爸爸。

6

他离开不到一个月，妈妈接到一个医院打来的电话，说是他离开了，叫我们去安排他的后事。这一次是真的离开了，他不在人间了，医生说是胃癌。

他给我和妈妈留了一封信，还有一本存折——三十二万。他在给我的信中说：

"婷婷，也许你看到这封信时，爸爸已经离开了。但是，你和你妈妈一定要快乐地生活。

　　"其实爸爸并没有另一个家，当年爸爸确实是跟一个女人在一起，可是不到三年那个女人因为贪图荣华富贵离我而去。而我也一直不敢回家，真的没有脸面对你和你妈妈。爸爸欠你们的真的太多太多了。八个月前，有一次我因为胃痛得厉害去了医院，在医院检查，医生说我得了胃癌，晚期。一开始，我不能接受。我不甘就这样死去。

　　"后来便决定给你电话，想要离开前听听你的声音。让我没想到的是，你不恨我，还叫我回家。那时我有过犹豫。因为我想自己安静地度过剩下的日子，不再去打扰你们。可是我又实在是想在离开前，看看你的模样。十四年了。

　　"谢谢你，让爸爸在将要死去时还能见到你和妈妈。爸爸爱你们。可是原谅爸爸已经不能再守护你们。叫你妈妈找到好人家，就嫁了吧。她辛苦了那么多年不容易，爸爸对不起她了。

　　"存折里的钱，是给你读书用的，也当是爸爸尽的一点点做父亲的责任吧。宝贝女儿，记得好好照顾妈妈，好好生活。爱你的爸爸。"

　　我还能再说什么？剩下的只是想念还有悲伤。我抱着妈妈，我们哭得几欲昏厥，最后只剩下麻木。我终于懂得了什么叫生离死别，那就是，无论你多么想念一个人，都永远见不到了。

　　回家那天，天空一片阴沉，也许晕染了我们的悲伤，终究忍不住下起了小雨，我穿着黑色的衣服，抱着他的骨灰盒，像幼时他曾抱过我那般。我一路说着："爸爸，妈妈和我来带你回家了。我们回家了。"眼泪硬生生地忍着，心中的悲痛却没能减少半分。

7

　　生活还是要过，和妈妈把他的后事弄妥后，我们的生活像是恢复了往常。但是我们彼此都清楚，我们有个难以填补的伤疤。

　　夜里，每次失眠，我都会在阳台上久久凝望星空，寻找着最亮的那一颗。因为我想，他会在，一直在。就像不曾离开过。

后记：谨以此文献给我最亲爱的姐姐。感谢遇见她。如此善良、懂事的一个女生。这是她的故事，真实的故事。她曾说我，总是在码字，却从没为她真正写过一篇文字，她希望我有一天能把她写进故事里。今天，我做到了。亲爱的姐姐，我是倔强的孩子，从不说我爱你。在这里，我想告诉你，我心疼你，我爱你。只想你过得幸福。感谢你一直以来给我的照顾。

雕刻在银杏树上的秘密

某某闲来

一

　　青河高中的校园有一棵高大茁壮的银杏树，过去那里是孩子们快乐的净土。阳光的照射中，跃动的是绿荫下学子们喜笑颜开的面容和欢快的声音；嬉戏追逐的身影成为那棵银杏树下最美丽的风景。

　　可是这些就在青河成为市内最好的高中后而结束，一切的美好仿佛因为这个沉重而又耀眼的光环背上了不可推置的宿命。青河高中成为一个被诅咒的地方，银杏树则悲哀地成为无人问津的可怜虫。春花秋月，寒冬酷暑，银杏几经灿烂与凋败，都好像过境的风吹在人脸上，过后却没人会在意。

　　马小样是例外，她经常在中午去食堂吃饭的途中，避开人群来到学校东角较为偏僻的花坛前，望着银杏发呆。

　　马小样是高二理科班的学生，期末将至，很快升到高三。这也使得校园内本就紧张的气氛更浓烈了些。在别人看来，吃完饭后回到教室好好看书才是王道，因为大家都在为争取到挤进高三实验班的资格做准备。要知道进入实验班的入场券是高二期末考试的年级前三十名，那里有更加专业精准的辅导，成绩最差的也能迈入一本大学的门槛。

但是此时安静的马小样并没有对着大树祈求考入实验班，而是掏出早前藏在口袋里的小刀，靠近银杏树，细心地雕刻着。

林小朵，你个大坏蛋，鬼才相信你的话呢！

马小样看到自己的作品后满意地笑了。笑声划过苍穹，惊起了立在枝丫上休憩的鸟儿，它们张开翅膀在蓝白相间的天空飞过。

马小样和林小朵两个人的友谊是从幼儿园开始的。已经走过了十二年的漫漫长路。

那时候的两个人经常踩着晨昏的地平线在幽静的小路上洒下欢愉的笑声；在一盏并不明亮的台灯下伏案学习，比拼谁的作业写得又快又好；或是一起躲在校园的某个角落偷偷跟踪心仪的男生，为彼此出谋划策，却因踌躇害怕作罢；又或是某个日落对着夕阳呐喊："我们是一辈子的朋友，永远不分开。"也是那个日落俩人定下了一起考入青河，相守到老的誓言。

时光如流水消逝，长大的姐妹花一同考入了青河。马小样在1班，林小朵在7班。

马小样至今还记得被分开后步入教室时彼此难舍难分的眼神，两个人无语凝噎地望着对方，直到几秒钟后上课的铃声敲响才能正视分开的现实。

可是这轻轻地铃声却像一道看不见的光，锋利地划破了好朋友的如胶似漆，将她们的距离越拉越大，直至面前横亘着一条难以跨越的鸿渠。

慢慢，林小朵和马小样不再一起上下学了，路上也没有她们天真灿烂的笑容了，校园内也很少见到她们亲昵打闹的身影，从前的一切仿佛是个虚幻的梦，而现在是梦醒的时刻。

马小样并不知问题出在谁身上，或许是大家都有错吧。记不得是哪天的黄昏，林小朵来找马小样提出一同回家的要求。马小样倒是愣住了，沉默几秒才吞吞吐吐地说："不了，小朵，我们班最后一节课测验，可能拖堂到很晚。"望着林小朵离去后的背影，马小样的心里一下子落了空，具体的滋味，她自己也描绘不清。

其实那天的测验马小样很早就交卷了，出教室的时候还没响起放学的铃声，但她并没有停留，而是蹬上单车向街道的另一角落飞去。

马小样是到辅导班参加补习去了。原因是之前的模拟考试考得惨不忍睹，尤其当林小朵的妈妈在麻将桌上得意地嘲讽，使得马小样的妈妈高傲的自尊受到严重的挫伤。要知道她们两家离得不是太远，双方的家长也是熟识的，碰了面不是谈麻将就是家长里短道不停，而最多的话题就是小孩子们的成绩。

对于林小朵优异的成绩、聪颖的天资，马小样羡慕，也暗暗嫉妒。可是当这隐藏起来的导火线赤裸裸呈现在马小样那样一个能颠倒黑白火上浇油的毒舌母亲面前时，一切不安分的因子被空前放大，直至爆发。

马小样的母亲既为了争回面子，也为了"挽救"自己的孩子，特意咨询了好多家的辅导班，最后郑重地选了一家自认为各方面都比较出色的。拿出材料扔到马小样的面前，恨铁不成钢地说："你再不好好学习的话，就甭回家了。"说完，转身就要离去，中途像是想到了什么，继续回过头，"小朵那丫头比你有心，补习的事别被她知道了。"然后嘀咕着就转向了厨房。大概是那天起，马小样很受用地记下了妈妈嘱咐的东西，辅导班的事真就在林小朵面前没有提及。

期中考试的试卷发了下来，马小样的成绩在补习班的辅导下还是有了起色，但是林小朵由一直的班级第一掉到了第五名。很奇怪的是，连数学竞赛都拿奖的家伙，这次却没有满分，只得了138分，恰巧是去除最后一题的分数。

马小样好奇地翻阅着林小朵的试卷，却被突然闯进的林小朵一把抢了回去。

"小朵，最后一题你答得很奇怪呢！"马小样直视着她悠悠地打趣道。

"是……是吗？"

林小朵低着头回到自己的座位，收拾东西。此时正值放学，暖黄的余晖洒落了一地，叫人看不清两个人的情绪。

第二天，马小样才知道林小朵的试卷是怎么回事。

因为教数学的老师说，由于出题人疏忽，数学的最后一题有很大的漏洞，但是他们批卷的时候还是按照参考答案给分的，目的也是为了看看自己的学生有几个能识破的，最后结果令人失望，全年级近一两千人只有一位同学发现了端倪，虽然还是被扣除全部分数。

听完这个让人吃惊的消息后，马小样的胸口不住地起伏着。

林小朵，也只有你这样心思缜密的人才会知道这题压根就是错的，所以你大胆地在试卷上写出事实，并按照出题者的思路增加题设重新制造新的问题。

然而，即使知道了这样的事实，当马小样看到老师在黑板上写下正确的题目时还是惊讶得目瞪口呆：林小朵，我可能永远都比不上你。而心中不知为何还有些愤愤不平。为什么你不愿公开，藏起自己的试卷不让其他同学发现？既然这样，你为什么还要显示你的过人之处，真是可笑。

脸上浮起苦笑的马小样不禁联想到自己曾经偷偷打开过林小朵的书包，里面有很多包了牛皮纸的书本。粗略翻看，竟是一本本看不懂但又不常见的各科参考书，那里面的内容似乎比她们所学的要深要难。

而在这之前林小朵却对她宣称那是自己最近迷恋的某个作者的全部小说。

突然，马小样觉得这样的情景十分虚伪、讨厌。

马小样把银杏树当作倾诉站，宣泄自己所有不快的情绪。

林小朵，我就是嫉妒你，讨厌你！

可恶的高考，我受够你的折磨了……

很莫名的，写完这些的马小样觉得轻松许多。于是，每个星期三的中午她都会来到烦恼树面前，来一场彻彻底底的发泄。当然，马小样不是笨蛋，为了防止被人发现，她都是用左手刻字的，名字什么的都会用字母代替。开始担心会被负责校内绿化的阿姨责骂，几番观察下来才放松警惕，这里是荒芜许久的废区，除了日常的地面清洁几乎是没人打理的。

二

现在是周六下午的六点。当其他同学都背起书包准备回家的时候，半夏也开始收拾东西，不过回家之前，半夏还有一件事要做。

空荡荡的教室仿佛并没有因为明天是休息日而减少紧张和压抑的气氛，就好像离开的同学脸上凝住的依然是严肃认真的表情，这些景象都透过夕阳撒下的逆光投射在半夏的眼镜上。

半夏是青河高一的学生。他回家前要做的事就是来到那荒芜的银杏树前……

神马文理分科，我就是选择当艺术生怎么了？

喜欢画画有错吗？

记忆追溯到前几日，半夏踌躇地将填好的分科志愿拿到父母面前，企图得到一丝肯定，岂料得到的是妈妈惊讶的尖叫，爸爸难看的面容。

"你知道青河一向重理轻文的，更何况是艺术生？"说话的是半夏的爸爸。

"画那么多画有什么用，将来只会填不饱肚皮。你是一个七尺男儿，志向应该远大。当然不能有这些不实际的幻想。"

"可是，可是……"

半夏还没说完，母亲上前抢断："你爸说得对，现在的社会能挣钱的都是理工学校出来的，什么工程师、软件开发技术师听起来就气派。宝宝，看问题不能光凭自己的兴趣，目光要长远些。"

在这场没有硝烟的战火中，半夏注定是失败的。因为他自己都恨自己的软弱无能，可就算真的有所抗议，妥协的还会是自己。为了能让他安心学习，父母把他最爱的画笔颜料都扔掉了，本来自己精心涂鸦的房间也被他们请人重新刷成白色。他们说白是冷静的颜色，适合理科的思考推理。半夏看着他们谄媚地粉饰自己的自作主张，面容极其冷峻，好似在看正上演的双簧，两人有一搭没一搭地侃侃而谈。

"你们说够了没，我要写作业了！"冰冷地甩出一句，就关了门。

那一晚，半夏哭了，泪水划过脸颊浸润了嘴唇，是难以言语的苦涩。

之后，当看到在画纸上肆意飞扬的手居然在台灯下安静老实地计算着那密密麻麻的数字，心中就会漫过一丝丝的凄凉。

这样的苦闷越积越多，再加上平时的学习压力，沉重得让半夏透不过来气，想找个朋友哥们儿诉说内心的不快和不满，可是每每略过大家行色匆匆的背影，期待的神情落寞了。

半夏也不记得什么时候开始经常光顾银杏树，将自己所有的郁闷刻录下来，还是感到轻松的。其实这样做不会得到安慰也解决不了问题，他仅仅想发泄一下。

世界并不会因为你一个而停下脚步。

回家的时候，天已经很黑了。打开门的刹那，半夏浮起一丝苦笑，大概迎来的是一阵狂风暴雨。可是当自己直视里面的情景时，一切又安静得不像暴风雨的前夕。

母亲窝在沙发上无聊地不停转换电视频道，父亲一根接一根地吸着烟，还不时地冒出几声咳嗽，这些都在半夏出场的瞬间戛然而止，然后只是三双眼睛的对视。几秒钟后，父亲灭了烟蒂向自己的房间走去，母亲的脸上容光焕发，迎上来嘘寒问暖道："宝宝，饿了没？晚饭还在锅里热着，你先洗手，我给你端过来！"

不知怎的，半夏突然感到眼眶发热，他知道那是感动。

"咚咚咚……"客厅的挂钟沉闷地响了起来，时针和分针很好地闭合起来。原来看街头那些流浪画家画画看到这么晚了。

期末的脚步渐渐近了，半夏也接受了自己即将成为一名理科生的事实。慢慢，他发现数字的世界其实蛮好玩的，它会如绘画一样，能寻求心灵的宁静，从而得到精神上的慰藉。

原来人的喜好并不如想象中的专一。如果没有尝试，谁都不会知道除了之前的还会喜欢别的什么。

三

天阴了好久，终于在期末考试前一个星期放晴了，初升的太阳都散发出久违的、令人怀念的光。

马小样和半夏都感到阴霾已经过去，还有未完成的使命等着自己，所以他们选定在这样一个雨后的清晨来到银杏树下，挥手告别过去。

可是当他们分别在大树肥壮的正面和背面刻下秘密，咯咯笑的时候，发现了彼此的存在。

那时候，两个人的心情是奇怪的。

他们胸腔中翻涌、沸腾。他们看着对方，没有说话。

不久之后，他们就匆匆离开了这里。

那棵被蹂躏、被倾诉烦恼的树被再次忽略，陷入了静默荒芜的孤寂中。

而他们往昔留下的痕迹经过时光的打磨，慢慢变得模糊。

其实在他们之前，也曾经有学生来到银杏树下刻下他们当时的心情，只是被发现的时候，也如马小样和半夏那般，匆匆离去。

之后会不会又换了主角再次上演周而复始的剧幕，银杏树也不得而知。

后记：或许只是我们喜欢抱怨现实的残忍，把曾经的快乐都化为一部充满四十五度忧伤的童话，没有人愿意说出心里话。但是当别人发现，可能知道自己心底最深处的秘密时，就会躲藏。

因为我们都**不够勇敢**，怕受伤害。

阡 陌 回 忆

沐子眠

1

晶莹透亮的玻璃制品，只有蓝白两种颜色，两只海豚跃起的弧度被商家做得很完美。这是某个人送给我的生日礼物，也因为如此，那个人被我叫作海豚先生。

海豚先生是我初二年级的同桌，很高、很瘦，走路奇慢。我们的教室在三楼，我常常趴在走廊的围栏上观察他从一楼走到三楼要花多长时间。别人用一分钟就能走完的楼梯他要用五分钟，我觉得他上辈子是一只蜗牛，要不然不会转世成人以后还保留着蜗牛的习性，不过后来我发现我错了，他上辈子应该是慢羊羊，因为有一天我在电视里看到蜗牛嗖嗖地从慢羊羊身边爬了过去。

海豚先生很少说话，不只是和我，和谁都是一样。他不是我们本地人，初中跟着姑姑来了我们学校，他们家乡的方言和我们这里的一点儿都不一样，老师叫他回答问题的时候他结结巴巴说了一会儿，我们所有人都不知道他在说什么，从这以后，老师提问再也不叫他了。

很久以后我才发现，他根本就不是我们看到的那么内向的人。他经常在QQ空间里卖萌，你能想象一个一米八几的男生一口一个"人家"是个什么状况吗？海豚先生就是这样的，我不止一次地嘲笑和打击他，我说："您老这又是忘吃药了吧？"

2

初三刚开学的时候，校门口的商店买来了两台照大头贴的机器，于是全校的女生都像疯了一样，一有时间就往那家商店跑，忙着选景和拍照。

这一年9月，我们初三年级按照上一学年期末考试的成绩重新分了班。我分去了二班，海豚先生的身份从"我的同桌"变成了"隔壁班的"。有些时候想，人与人之间的关系真的很奇妙，一个小小的变动就足以使沧海变成桑田，虽然这样说来有些夸张。

我们每个人都在各自的小世界里为着这样那样的理想或者是父母的期许默默努力，我每天早上五点起床去学校。清晨的校园是寂静的，我打着手电筒，默默地行走着，脚步声清晰地落在水泥地面上，我几乎可以听见自己有节奏的心跳。不到早读时间教室里不供电，我每次都要准备一打蜡烛放在抽屉里备用。蜡烛散发出来的光微弱，昏黄的光照在我的书页上，我很大声读着一些老师要求背下来的知识点。有些时候会怀疑这个世界，自己做这些究竟是为了什么呢，仅仅是为了那一个又一个漂亮的分数和一张张奖状吗？我想不出个所以然来。既然无力去改变什么，那就按照原有的轨迹继续往前走吧。

我照了大头贴会分一些给自己认为比较要好的朋友，异性朋友没有给。那是特别敏感的年纪，我害怕所有的流言蜚语。

因为分班，很多关系还不错的同学渐渐变得疏离，比如我和海豚先生。分班以后我们之间就变成了在路上碰到点头微笑这样的关系。

在一些夜里，做作业累了会停下来歇一歇，然后从柜子里拿出那个玻璃海豚来看一看，那种通透和颜色看上去特别舒服，仿佛所有的疲劳都能得到缓解。

3

后桌的女生常常夸我的头发又直又漂亮，这样的夸奖能让我心情愉悦，所以我对她特别有好感。

有一天，她拿着几张大头贴给我说："拜托你，帮我把这个交给你前任同桌好吗？"我仔细看了看那几张照片，可爱的装扮和表情，比现实里的她更青春一些，我明白了是怎么一回事。我说："我试试吧。"

我用一个小信封把那几张大头贴装了起来。课间十分钟，我把海豚先生从教室里叫了出来，把那个小信封递了过去，他站在我对面把它拆开，抽出来看了一下马上就还给我说："我不要，我还以为是你的呢。"他把那个小信封往走廊围栏上一放就进教室了。

我拿着那个小信封回班里还给了后桌的女生说："他没要。"

日光之下无新事，这样的故事在很早以前在别人身上就发生过，而且在很久以后在别的地方还会继续发生，我们的生活像是跳进了一个怪圈，所有的故事都在循环往复，在时空里轮回。

海豚先生真有个性，其实都还只是孩子吧，处理问题的方式太过直接，因为不知道怎样委婉地拒绝，于是赶紧逃开了。我们有着懵懂的感情，害怕又惊喜。渐渐地，看过了，经历了，在这过程中我们就慢慢成长起来，犹如一朵花开的过程。

4

我的中考成绩不理想，去了一所普通高中。海豚先生的成绩一直都在不动声色中优秀着，他去了市里最好的重点高中，我想人与人之间的差距就是这样慢慢拉开的吧。

本来我一直在为成绩的事郁郁寡欢，到了新学校，和别人一比较，就又在心里沾沾自喜，自己的成绩在这里也算是特别好的啊。我真讨厌这样的自己，这该说是心态好呢，还是脸皮厚呢？

开学第一个月，爸爸来学校看我。上课期间，数学老师在讲台上唾沫横飞，我爸站在我们教室门口观察了好久，而我一直低着头在看藏在抽屉里的小说，自始至终都没有抬过一下头，所以我根本就不知道我爸一直在教室门口看着我。

下课我和同学去洗手间，走到教室门口就听到了我爸叫我的小名。听出是我爸的声音，我整个人都愣了。他把我叫到一边，说了一些责备的话，语气却是很轻的，听着听着，我就不争气地流下眼泪，怎么擦也擦不干。一边觉得惭愧，一边觉得那么多同学看着很丢脸。

国庆节放假回家的时候，我做好了挨骂的准备。爸爸因为店里的事在外面忙，我习惯性地去柜子里面拿那个玻璃海豚。当我看到柜子里凌乱的一切时，刚开始的愧疚立刻转变成了愤怒。

那个玻璃海豚被砸碎了，初中的毕业照片被撕成了很多片，所有被我当宝贝的物件都被砸得体无完肤。我把所有的碎片都倒出来，找来透明胶带把能粘好的东西都粘起来。很多东西都毁掉了，根本就无法修复。粘好了几张照片之后我坐在地上看着那些东西发了很长时间的呆。

不知道妈妈是什么时候进的房间，她说："那次你爸从市里回来，我问他有没有去学校看你，他就莫名其妙地冲我发火，然后就进来把这些东西砸了。"我无声地落泪，妈妈因我受到牵连，真的很委屈吧。我怎么会有这样一个爸爸！

等我爸回来，我就和他对抗吧。凭什么这么毁掉我的东西？凭什么这么对妈妈？我在心里呐喊并且抗议。不就是因为我上课没听讲吗，至于这样吗？要是我像新闻里说的那些不良少女一样抽烟喝酒打架吸毒，照这样的趋势，他是不是会杀了我？

我们之间什么也没有发生，我是在我爸面前把那一堆他制造出来的垃圾扫掉的，我们两个什么话都没有说，整个国庆假期都在冷战。

065

我趴在课桌上给海豚先生写信。

我写道：“我爸爸是个神经病，他把你送给我的那个玻璃海豚砸碎了，就是因为看见我上课没听讲，好不好笑？要是他知道我现在每节课都不听讲是不是会气疯掉了。待在家里这么多年，我真的受够了。最近一段时间心情特别郁闷，做什么事都提不起精神，活着真累。”

过了差不多有半个月的时间，我收到海豚先生的回信，他说了一些“天下父母都是为子女好”这样冠冕堂皇的话，我特别不乐意看，因为自己的生活没有人能感同身受，我觉得所有人都不会懂我。我烦躁地翻着那几页信纸，没有继续看下去的心情。漫不经心地看到信末的那幅简笔画的时候，我的心瞬间就柔软起来。那是一只流氓兔，海豚先生在旁边备注说，听说它叫流氓兔，名字可爱吧。后面还写了一段话：其实是我们的心太小了，这个世界还是有很多美好的东西在。蓝天、白云、阳光、花朵、星空，这些都是。没有什么过不去的坎，都会好起来的，你要相信。我第一次知道原来男生的心思也可以这么细腻，我第一次知道愿意倾听并耐心开导的友谊多么珍贵。

12月25日是海豚先生的生日，圣诞节。我听说问二十四个不同姓氏的人每人要一毛钱买个苹果在平安夜送出去，对方就能收到平安的祝福。虽然我知道这是人们美好愿望的承载，虽然知道是人们想象出来的，可我还是乐于相信。买了一个生日礼物，用从别人那里要来的两块四毛钱买的苹果，还有一张贺卡。贺卡的封面是漫天飘着的雪花，圣诞老人穿着喜庆的衣裳去给小孩子们送礼物。我们这个南方小镇极少在圣诞节这样的日子下雪，只有刺骨的寒风和湖面上结着的一层薄薄的冰。每个人都冷得一下课就躲在寝室里不愿意多动一下。

我把自己裹得像只熊一样去校门口的中国邮政把礼物寄了出去。我站在校门口轻松地呼出一口气，一大团白色气体在空气里缥缈起来，我总是像这样对着透明窗户哈气然后写一些突发奇想的字句，然后擦掉重新哈气再写点儿别的什么，再擦掉再写，乐此不疲。今天我想写的是：海豚先生，生日快乐。

6

海豚先生在江西赣州上大学，每年的三四月份赣州都会举办樱花节。我发信息给他说："我去你们学校玩怎么样，顺便带我去看樱花节啊？"他回信息的速度总是快得惊人，总觉得他已经从慢羊羊成功进化成人了。他说："好啊，你什么时候来，决定了记得提前一天告诉我，我去剪下头发。"看到他的回复我就乐了："那如果我不去的话你是不是就不打算剪了？"他说："那是自然，有朋自远方来，好歹要注意些形象啊。"我调侃道："就你还注意形象啊？这么多年不见真不知道你长成了什么鬼样子。"他来了一句神回复："还是原来的配方，还是熟悉的味道！"

我们学校放假的时候家里有点儿事所以赣州没有去成，计划好的事情总能因为那么一丁点儿的小事就完全被打乱。如果这个世界能按照我们预想的样子改变，也许以后的生活就不会这么让人期待了。因为未知，所以总是在吸引着我们去探索，去经历，去感悟。

后来海豚先生告诉我，其实他的生日是农历十二月二十五日，不是圣诞节那一天。我说："你怎么不早告诉我呢？"他说："我怕你浪费感情，让你不开心。"

海豚先生在很多事情上都会为我着想，很长一段时间我都觉得他肯定是有点儿喜欢我的，我觉得自己也有那么一点儿喜欢他。直到他告诉我说他有女朋友了，这样的错觉才被彻底打破。那一刻，我释怀地呼了一大口气。

　　我和爸爸的关系缓和了许多，在那件事情过去很久以后。现在他更多的是隐忍，而我终于体会到了"爱之深，责之切"这句话的含义和分量。我帮他盛一碗饭他也会笑着对我说谢谢，第一次他这么说的时候我的鼻子一酸眼泪差点儿就掉下来，我强忍着别过脸去不再看他，后来，我一个人悄悄地躲在楼顶上哭了一场。

　　从我出生，爸爸妈妈所做的任何事情都是在为我做打算，为我能够有更好的生活。他们为我付出的不知道能用什么去衡量，他们就这样无微不至一天一天，一年一年，把我养到这么大，可是我又什么时候体谅过他们的不易。从来都只为自己考虑，盛一下饭就值得爸爸对我说一声谢谢，而我却对他所有的付出都心安理得地接受，我是有多自私啊。时光请你慢些吧，我要开始好好去爱他，把那些曾经遗失的全部都找回来。

　　那么多风起云涌的日子，回忆起来却早已经变得云淡风轻。我常常能想起那么长的一段时光，回忆如阡陌，纵横交错着。我终于成长成这样一个知道站在别人的角度想问题的人，虽然做得还没有那么好，但是我一直在努力。

　　我坐在回家的班车上，陌生的事物一幕一幕向后退去，越来越接近的是从小到大熟悉的风景。金黄色的稻穗，湛蓝深远的天空，轻灵自在的云朵，闻着一阵一阵沁人心脾的桂花香，此刻我只想感谢上天如此丰富多彩的馈赠。珍惜所有拥有的，趁我们还没有失去的时候。

　　如果记忆化成风，请带着这一场我不愿醒来的梦。

少年同学都不良

倪 一

一大拨家长正在靠近

一年一度的家长会，是除6月7日这个雷打不动的特殊日子之外最准时准点、最惨无人道的日子。在班主任宣布召开后三秒，众人纷纷哭号着往她的小长裙上抹辛酸泪。"嘴下留情啊！""求放过！"……

家长会前夜，柠檬机智又迅速地收拾好自己乱得堪比拉圾堆的抽屉，一本本封面花哨的课外读物转移阵地。阿拦果断灵敏地整理好各个科目白花花的答题卡，不及格的卷子统统销毁。渣渣花了三节晚自习扫净囤积已久的零食，只留了瓶"六个核桃"制造补脑假象。我把平日里臭美用的小圆镜、折叠梳、便携风扇还有最重要的辛苦画了无数日夜的漫画草稿，统统撤回宿舍。

班里突然风靡起一句过时蛮久的话，一大拨家长正在靠近……

"要紧咯，要紧咯。"阿拦甩了甩刘海儿，小粗眉一挑，一如往日的猥琐和坚强。"不行不行，回家要把未来一个月，不，两个月的零花钱都要到手，不然明天……"他做惊悚状逗趣地望了望天，随即发出作死的假哭声。我身子一侧，顺手把语文书砸在他脑门儿上，耳边是渣渣南方口音极重的读书声：问君能有几多愁？恰"四"一江春水"想"

东流……

对于周边地区的小伙伴企图营造一种悲壮、凄凉的氛围，我只得乐观一些均衡一下以免产生极端现象翻掉我们一整艘蚂蚱船。

"安啦，安啦。明天家长会后多发几条说说给你们多点几个赞就是了。"

然后各种白眼、橡皮、笔就默契地被扔了过来。我撇了撇嘴，作为众小厮中学习最渣（阿拦除外）的我，早已看破这尘寰世间了好吗！反正班主任只要把成绩单那么一传阅，和家长聊那么一两句，鱼死网破，挣扎也是徒劳的。

"倪一啊，你就是周大树，不，周树大……鲁迅他老人家笔下那些麻木不仁的愚昧民众吧。不要再堕落下去了啊……"渣渣抓着我的肩膀使劲地摇，好像可以摇出一地人民币似的亢奋有力。我幽怨地看了她一眼，学着阿拦的口吻："放开我这个女孩儿！喔！你这般对我明天我告你妈去！"

正闹着，班长的小长脸倏地凑了过来："干吗呢！读书课不读书伺机讲话，小心明天我告你们妈去！"

……

即使无数痴男怨女默默祈祷着能下一场大暴雨把家长会延迟甚至取消，但是事与愿违才是现实。我望了望晴得彻底的天，再扫一眼塞满校门口的车辆和不断挪步过来的家长们，重重地叹了口气。

我和柠檬负责家长的签到工作，转着笔等着看那群疯子的制造者长什么样。

"看那个拿红色包的，一定是班长她妈，太像了！"我扯了扯柠檬，她蹙着眉表示怀疑。过了一会儿，那位仍有些风姿的中年妇女向我们靠近，趴在窗台张望良久的班长立马奔了出来扑到她身上。我冲柠檬比了个剪刀手，画画的同学怎么能这点儿观察能力都没有。

"行啊！"柠檬开玩笑地揶揄道，"那边走过来的大叔，你猜是谁爸？"

我远眺过去，几乎是不假思索："肯定是阿拦他爸，跟这二货长得一模一样。"柠檬往上翻了个白眼，阿拦就神不知鬼不觉地飘到我身后，重重拍了拍我肩膀："我这么帅才不会有这么挫的老爸。"说完就夺过我手中的签到本，在自己名字那一栏打了个大叉。

"我爸妈不来了。"

我瞥了阿拦一眼："好巧我爸妈也不来。"苦笑着和他一起垂下眼睑。

"为什么？"柠檬眨着大眼睛。显然她不是学渣，没错她是学霸。

她爸爸在远处穿过人群微笑着走近了她。

全世界都在单恋

某日，日光倾城。初夏的风吹深了枝上的叶，树荫又浓了几分。两天后是段考，停课两天自习。一屋子热得要死却狠不下心腾点儿时间擦擦汗的学子们正努力启动学霸模式。而我，以及与我隔一个过道一脸脑残相的阿拦，已死机。

正托着腮顺便涂涂画画，阿拦忽地扯了扯我的马尾。我转过脸去瞪他，小声却气场十足地说："干吗？"

"好无聊，给我看看你的画。"他拼命卖萌，小眼睛愣是睁得浑圆，简直丑出了吉尼斯世界纪录。我脑子里刚刚初具雏形的画面，侧窗而坐的少年，映着日光低眉浅笑。而眼前，同样靠窗的阿拦这一脸猥琐的笑……画不下去了！

"不行，还没画完。"阿拦伸手要拿，我急忙摁住。

"哦……"阿拦拖长尾音停顿了很久，"我喜欢你欸。"他毫无预兆地蹦出这么一句唐突的话。

我鄙夷地睨了他一眼，又把垂下去的一点儿头发顺到耳后。

"愚人节过去很久了。而且你那天已经说过了，还来开玩笑。"

"我不知道那天是愚人节嘛。"

"你不作死会死吗？"

阿拦把脸别了过去，对着窗自顾自生闷气。我无奈地撇撇嘴角，刚埋下头提笔开画，阿拦又扯了扯我的马尾。

"我说真的。"阿拦果真换了个认真的表情。他少有地沉肃，伸出大手横在过道上一直攀上我的桌面。他握紧拳心，目光难得的稳重。

"问你个问题，如果全世界只剩我和一条狗，你选谁？"

我确实有些不明所以，沉默了一会儿后看看阿拦依旧喜感得浑然天成的脸，我突然笑了："不要怪我，我选狗。"

"这可是你说的。"阿拦勾起嘴角，又恢复了痞气的笑容。他摊开掌心，上面用圆珠笔写着三个字。

汪汪汪。

……

我把目光移向另一侧窗。那个漫画中真正的原型，日光下美好的少年。他的衣服以及笑容总是那么干净明亮，他的身影让人移不开目光。我看着粟宇拿着试卷走出了教室，俯下身体向老师询问着问题。突然生出一种近在咫尺却怎么也够不到的悲凉。

柠檬说，全世界人这么多，偏偏遇见的都是不可能的人。全世界都在单恋。

阿拦的QQ签名曾长期被这么一句话霸占：明明是我先遇见，明明是我先熟稔。你懂不懂先来后到！

缺了一块又一块

六月初，刚刚无耻地给自己过了个儿童节，就遭遇了两件与己无关却影响深远的事。

高三一名学姐临近高考心理压力太大，晚上睡不着就吞了点儿安眠药，一不小心过量了被抬去了医院。第二天就开始疯传各种版本，我听到的是不堪学校重负含泪自杀并且疑似情系某学神。

还有一件。阿拦被学校劝退。

知道消息的时候，我正和柠檬在学校某个偏僻的小亭子里分享着阿拦翘课出去买回来的垃圾食品。柠檬差点儿被呛得半死，喝口水忙问："为什么？"

我踢了他一脚，嘴里还塞着满满的零食就大声质问阿拦："做了什么丧尽天良的事了？说退就退。"

他贱贱地笑着不说话，我隐隐地感觉到一丝不安。他坐在我旁边，依旧是平时开玩笑的口吻："倪大二，以后都见不到我了千万不要太想我，千万不要太难过哈。"

"那天在校门口打架的人就是你吧！"我想起早上渣渣跟我提起的斗殴事件，立马摔掉手中的大瓶可乐，倏地站起来不顾他的脸色突变。大概是我太自以为是，我以为真的会有人像小说里那样为我使用暴力。阿拦敛住笑容，换了一种很奇怪的口吻："你说呢？"

本就僵住的气氛因为我们的沉默接近凝固。他明白我强硬语气中的意思。我却不明白他的话语中究竟有几分玩笑的成分。

"倪一，生活不是小说。"柠檬的话似是而非。

我是个火药桶，何况粟宇一早上没来教室。他是好好学生，从不旷课，请假也少。向来没有理智的我陷入自己的主观臆想里不能自拔。他们都不挑破，只看我一个人胡闹。

邻桌的一整摞书在某个清晨突然消失，阿拦的座位留下了一个大缺口。看着那个空空的小角落，我有点儿怅然。本以为会像从前有了摩擦，冷战几天，然后阿拦就会略带无辜地扯一扯我的马尾，给我泡一大杯稠稠的莲藕粉，说几段无聊的冷段子把我逗笑，然后所有的一切都被他调整回正常轨道。

阿拦走了，粟宇倒是终于回校了。右侧脸颊有淡淡的瘀青，仔细看还有擦痕，右手打着厚石膏。看起来不像被人打的，倒像是自己摔了一跤。我看着他正艰难地用左手写字，不知怒从何起，就狠狠地把笔甩了出去。摔笔是我习惯的发泄方式。而这次，摔掉的笔迟迟没有回到我的桌面。原来会帮我捡笔的，只是阿拦而已。

食堂。我和柠檬相对而坐，很规矩地对着不锈钢饭盒吃饭。阿拦已经离开两个星期了，我和柠檬的相处像少了调和剂似的卡得举步维艰。以前也有阿拦犯错回家反省的经历，但这次，性质显然完全不同。

"看来这次他老爸也救不了他了，也好，走了省得烦我。"我对柠檬扯一抹笑。她挖了一大勺白米饭，往嘴里塞，塞着塞着眼泪就大颗大颗地砸了下来。突然，她一把摔掉了手中的饭盒，和我一样的不良恶习。

"以后你自己吃饭，别再来找我了！"她撂下一句话，不顾我蹙起的眉头，就拨开人群洒脱地走了。我躲开陌生面孔的侧目，开始顺着记忆寻找某些被我遗漏的蛛丝马迹。

柠檬说过全世界都在单恋，柠檬总是在阿拦的身边，柠檬的目光对阿拦很温柔。感觉有细针在心口扎了又扎。

我们还有光

班里开始疯传阿拦去了丹麦，我像听笑话一样质疑那个遥远国度与曾经近在咫尺的阿拦之间的微弱可能。"开玩笑吗？开点儿有质量的玩笑可否？"损他俨然也成了我一时难以改掉的恶习。

我在某一天翻QQ列表，突然就找不到他的头像。然后又在某一天，我非常偶然地给他打了个电话，发现号码已空。微博界面的最后一条动态是被他置顶的微博：五月的第二个星期天，孩子他妈，节日快乐！@倪一。

我每天试着用各种渠道找阿拦的消息，有段时间出现过错觉，只要一有人拍我的肩，扯我的马尾，我就以为是他。在街边等一杯碳烧奶茶的时候，想着阿拦会流氓似的骑着他的摩托载一群狐朋狗友自以为拉风地穿梭而过。想着考试的时候，阿拦隔空冲我比手语对口型而被我刻意无视的场景，想着很多琐碎又适合拼凑成回忆的片段。

过了一个多月，学校还没宣布对阿拦的处分决定。我才发现自己的愚蠢，看来玩笑话还是不要太过于较真，这世界那么多偶然，而且有时候恰好偶然得那么凑巧。

经过渣渣的嘴我才从柠檬那得知，阿拦是转学，本来只是逗我的玩笑，结果被我的执念闹得不欢而散。

反正结局都是离开，谁会去在意离开前是否愉快。就像我以为拿本草稿本画几个滑稽小丑就可以成为漫画家一样，阿拦也天真地以为拿个单反相机拍几张风景照就是摄影师。听说他老爸和一个丹麦的摄影师是好友，就屁颠屁颠地跑过去跟着学摄影了。

我听渣渣说的时候，难得地沉默。

家长会结束的那天晚上回校，学校的某处电路突然故障，整个校园陷入黑暗，前所未有的墨色如漆。

班主任发了应急用的蜡烛，教室渐入一种被昏暗光线包围的微妙气氛中。阿拦拿出他的手机，很无聊地拍着极不清晰的画面。他把手机横在我面前对准我的笑容，我外带剪刀手无比白痴无比大众。一大片阴影覆盖着我的周身，可还是有光。

"倪一，你想当漫画家？"

"能好好说话吗，我就想当一画画的。"

"……"

"你呢，你有梦想吗？"

"我想当摄影师。"

"就是一拍照的？"

"是摄影师。"

嗨！男闺密

暖 夏

有人通过玩儿命跑三千米只为了在领奖台上对喜欢的人告白而扬名，有人通过在校长上班的必经之路蹲点死谏而扬名，而卢休的扬名方式绝对非同凡响：她因为白水喝太多电离子紊乱进医院而扬名。不相信？她那张"水肿性低钠症"（即水中毒）的诊断书现在还贴在他们班的后黑板上供慕名前来参观的学生瞻仰。大病初愈的卢休不顾身体欠佳坚持要站在后门收观赏费，只看诊断书一人五毛，看真人一次一块，真人合照一次三元附赠一眼诊断书，这个月的饮料费赚出来了，只是矿泉水终于失宠。

这事儿在全校传得沸沸扬扬，以致有一次校队训练的时候，我们那人称"小德私生子"的网坛未来之星裴裕都忍不住问我："听说你们班有个人喝水喝得差点儿暴毙？上头为了封口给你们班三个加十分的名额？"

谣言总是这么起来的，在学校里混总是要有点儿辨别是非的能力，也要有禁得起调侃的能力。我点头道："没错，那个人就是我。"我就是卢休，喝水中毒没什么好丢人的，总比我同桌削铅笔次数过多铅中毒风光些。

裴裕双肩跟抖筛子似的剧烈颤动："真是你啊？你有多饥渴？"

我大义凛然："我爱地球！我爱水资源！我爱每一滴来之不易的

水！”

经理人凑过来搅局：“哎呀呀小裴，你刚转学过来还不了解行情，阿休在水中毒之前早就扬名立万了，还用得着水中毒这样的苦肉计来炒作？”

裴裕把球拍当拐杖用，把半个身子的力气加在球拍上笑得十分迷离：“啊？还有啥？”

经理人如数家珍：“就上个学期，她在走廊上拿矿泉水瓶把窝成团的废纸当棒球打，路过的班主任们无一幸免，就这水准，放在日本绝对能进甲子园！”

裴裕笑眯眯地瞅了我一眼：“还有呢？”

经理人八卦习气全开，正欲一一道来，就听教练在背后怒吼：“不好好训练在这儿凑堆干吗呢？跑圈，都跑圈去！”

裴裕耸耸肩，自认倒霉地去跑圈。我正要跟上，就听见教练无比威严道：“卢休，你过来。”我标准垂头忏悔状，听见教练问：“……听说你喝水都中毒啦？啊哈哈哈哈……”跑在前头的裴裕又开始呈抖筛子状，你就笑吧，早晚笑中毒进医院。

因为是周五下午最后一次训练，大家都很轻松，特别是八卦天后经理人，约这个逛街约那个吃饭的，又突然一阵惊呼，翘着兰花指让我们瞧：“快看快看，那个正以轻盈如天女般步伐优雅地路过铁丝网外头的，是不是秦小天？”

裴裕一抬头：“谁？”

经理人连忙赶过来：“秦小天呀，十三中女神般存在的人物，咱阿休跟她比就是个开根号啊！怎么，小裴……小裴？你直勾勾地看着人家干吗？”

裴裕指了指：“她停在门口了。”

众人齐刷刷地看过去，果然看见秦小天停在网球场门口，正踮着脚睁着大眼四处看。

教练喊：“集合，集合！”

队里的男生基本上没听教练在讲什么了，都忙着顺衣服整发型，还把队友当镜子用，一个劲儿地问："我今天帅吗？几分帅？"

就只裴裕身正影子也不歪，一本正经地听教练训话，经理人站在我旁边咂嘴："你看看，人家小裴不愧是大城市来的，就是见过大世面，和咱小县城的人不一样，一个秦小天怎能镇得住人家？"

我问："秦小天不也是大城市来的？"

经理人语塞了一阵："……反正和小县城不一样嘛！你管那么多！"

因为小县城谨遵上头指令实行素质教育，严格双休，周五下午就全体放假，校队里训练完了，大家也提着书包三五成群地回家过周末，我寻思着回家看动画片，刚走到球场门口，前头的裴裕突然回过头问我："要不要去看电影？"

我很痴呆地看着他，身后的经理人一头撞在我身上，喊："阿休你骨头怎么这么硬？硌死我了！"

我如傻似痴地看了裴裕一会儿："……你请客？"

裴裕点点头，我说行。经理人从后面蹦出来："啥？小裴要请你看电影？有情况？免费的？小裴，论时间，我比阿休认识你时间更长，就看在这个情分上，你也得请我一次，下次你再单请阿休嘛，这次福利一下我这个辛苦的经理人嘛！"其实在经理人问"免费的"时，裴裕就已经点头表示愿意多带经理人一个，但她觉得一定要把道理讲出来，否则像她占便宜一样。实际上，她就是在占便宜，咳咳，谁不是呢。

经理人心安理得地跟在裴裕后头，转头看见还站在球场门口的秦小天："姑娘，你在等人？"

秦小天好脾气地笑笑："嗯。"然后指指在手忙脚乱换衣服的教练，"在等他。"

经理人点点头："哦。"接着跟我们走出去二百米，拐弯离开球场，突然兴奋道，"秦小天在等教练？有情况？师生恋？"

这么多年了，我对经理人早就免疫，留她一个人自推自演。裴裕插着兜仰头看天，不知道在想什么，好像心情不太好。难道多请经理人一个，把他这个月的零花钱花光了？

电影城拥挤不堪，多数是情侣组合和家庭温馨装，裴裕在柜台前问我们："看哪个？"我和经理人同时伸出食指以闪电的速度劈了出去，只不过我指的是《喜羊羊与灰太狼之牛气冲天》，经理人指的是《木乃伊3》，裴裕不假思索："好，就看《牛气冲天》。"

经理人怒了："知不知道民主决议是什么意思？"

裴裕耸肩："我看过《木乃伊3》了。"

看电影的过程中，经理人不负众望地睡着了。脑袋沉重地砸在我肩膀上，差点儿砸出一个坑，好好一部《牛气冲天》都没看好。而裴裕似乎也没什么心情看电影，全程他都盯着幕布发呆，连小孩儿把爆米花扔在他后脑勺上都没反应。

散场的时候经理人还在睡，口水都流在我肩膀上了，不过网球联赛快开始了，她这些天也累得够呛，我没叫她起来，就歪着脖子和裴裕聊天："干吗请我看电影？"

裴裕问："一定要讲实话？"

我点头，他笑了："因为觉得……你水中毒实在太可怜了……我活这么大从没见过这样的，你说一朝被蛇咬十年怕井绳吧，那你得多久不敢喝水啊？"

经理人突然从一旁一把箍住我："德尼强普！不要跑！不要跑！不要跑！"然后她醒了，睡眼惺忪地看着我俩，半天冒出一句话，"……对不起，没有打扰你们谈情说爱吧？"

裴裕拍拍衣服站起来："太打扰了，刚刚差点儿就和卢休谈成了。走吧。"

经理人发愣："……他真喜欢你？我以为你俩是闹着玩的。他生气了？"

我反问她："如果你是男生，会喜欢我这么奇怪的女生？裴裕那种城里人，会喜欢县城的土妞儿？"

经理人想了想："不会。不是劫色，难道为了劫财？他欠你很多钱？"

我摸摸她脑袋："推理推得好，继续猜去吧。"

我和经理人出来的时候，裴裕已经走了，他发了条短信给我，说家里突然有事，让我们自己回。经理人忧郁地望着华灯初上的街头，叹道："善变的男人啊。"

裴裕家里似乎的确有事，接下来的一周都没看见他。一个学校有许多人因为各种原因一周不来上课，裴裕是其中一个，可他是唯一一个让我思来想去的人。他和其他人有什么不同？他请我看了一场电影。

"卢休，在想什么？"秦小天又瞪着她那双美丽的大眼看我，从这周开始，我被从体育部借到文艺部当苦力，办四十周年校庆，莫名其妙地派到和秦小天一组，主要是画展板，她管画，我管打下手买矿泉水提颜料背展板。

我挠挠腮："想问题。"

秦小天点头："肯定是很难办的问题，叫你好多遍了，都没反应，嗯，把那个紫色的颜料盘递过来。"

我连忙提起颜料盘，隔着画板递给她，我站着她蹲着，交递的时候有了角度差，又因为我松手太早，一盘颜料哗的全洒出来，泼墨般地淋在秦小天校服上。

我嘴巴张成O形，秦小天一边把校服脱下来一边安慰我："没事没事。"

背后有人淡淡地说话："卢休，教练叫你现在立刻过去找他。"

一周没见面的裴裕站在门口，手里拎着校服外套，表情淡淡地看过来。我有些窘迫地挠挠头："哦，可是那个……"

秦小天提着嗓门说："没事，卢休你先去忙吧。"

我看着裴裕，他一点儿反应都没有，我只好开口："那个，裴裕，麻烦你帮帮她，弄弄这个颜料……我很快就回来……"

裴裕还是没反应，我头皮一硬："拜托了！"

教练喜气洋洋地在办公室等我："好消息啊！这次准备让你第一单打了！"

我握了握拳："……那，裴裕呢？"

"他必须第一单打啊！咱学校女子虽然弱点儿，不过你进步也很大了，这次的成绩很有可能不俗啊！回去好好备战，别落下训练！"

我心情复杂地往活动室跑，秦小天已经不在那里了，裴裕坐在桌子上，盯着地上的展板发呆，他的校服也不在了。

"秦……秦小天呢？"我扶着门框喘气。

"衣服脏，她回家换去了。"

我喘着气蹲下收拾展板，顿了一下："你，以前认识秦小天？"

裴裕声音没什么起伏："怎么突然问这个？"

"……因为你们都是一个大城市来的，觉得挺巧。"

"我还觉得你和经理人都像从火星来的，同时都降落在网球队里了，这个也很巧。"

我抱起来展板往外走，这个裴裕和秦小天绝对有问题，要不展板上怎么有未干的泪痕？那天裴裕突然请我看电影，也是当着秦小天的面，难道他俩之前有爱恨纠葛，裴裕被秦小天甩了，上次的电影事件是为了报复秦小天？难道我被利用了？

我一个猛刹，回头指着裴裕："说！请我看电影和秦小天有什么关系？"

裴裕惊得张开嘴："……你……怎么推理出来的？"

我哼了一声："你以为我是经理人那猪脑子？竟然一声不吭就利用我？太过分了！利用我！"

裴裕连忙摆手："卢……卢休你听我说，别生气，别变身，淡定，淡定！"

我把展板往地上一扔，往桌子上一坐，一抱肩："好，你说！"

原来裴裕和秦小天真有前科，两个人以前是一对金童玉女，后来秦小天转到这个小县城来就和裴裕断绝了关系。裴裕父母也恰巧到这儿

081

来工作，裴裕便跟着转到这来。那天他们在球场相见绝对是偶然，因为他们谁也不知道两个人又在同一所学校了。

"那为什么找上我？"我鼻子喷气。

裴裕贼贼地赔笑："您水中毒、拿废纸当棒球打，这么奇怪——不拘小节，怎么会对男生请看电影那么在意，所以不会产生麻烦的事情啦。"

"你哪只眼看出来了？我可是很脆弱的！"我乜着眼看他。

"嗯，小的一定会赔偿您的！您有什么要求尽管提！"

我大人不记小人过："好吧，反正要比赛了，你就陪我加训好了！"

裴裕简直就是男闺密，从加训开始就喋喋不休地唠叨他和秦小天的往事，简直就把我当树洞了。

"你这么在意秦小天，怎么不赶快跟她复合，赶快的。"

"会不会显得我太没面子？"

"……有点儿。那就等你拿了冠军，站在领奖台上对她表白。上个学期我们学校有一例，跑三千米的，跑到终点都吐了，然后在领奖台上告白，就成了。那女的感动得涕泪横流。"

"秦小天拒绝我怎么办？"

"绝对不会，女人都爱慕虚荣，你得了个大奖，那么帅气地站在领奖台上，摄像机对着你，你深情款款地当着全世界的面儿表白，只要是个女人，都会同意的。"

"……卢休，你那奇葩的脑子里究竟在幻想些什么啊？"

"啊？你怎么知道我在想……我在想你和秦小天走在红地毯上……啊，痛！"一颗球砸在我脑袋上。

秦小天果然来看比赛了，女子团体比男子团体要早，我一直处在高度紧张的状态里，根本无暇顾及其他事儿，还好比赛成绩不俗，还是要多谢裴裕最后陪着我加训了那么长时间。女子团体结束之后，大家都坐在看台上，看着男子团体比赛，有了裴裕，十三中的男子团体所向披靡，大家看得很轻松。

这时候经理人像一条毛毛虫一样蠕动到我身边，满脸的八卦："不好了！裴裕有外遇了！"

"啊？"我下意识地看了看前面的秦小天，她正紧张地盯着正在比赛的裴裕，那蓄势待发的姿势，好像就等着裴裕出个什么意外她好离弦之箭一样蹿出去拯救他。

"刚才我和那个秦小天一起去买水，结果钱不够了，她掏钱包的时候，我看见她钱包里有一张照片，你猜谁的？……你猜嘛！"

"和教练的？"因为比赛成绩好，我很有心情陪着经理人玩一会儿。

"不是！"经理人两眼放光："说出来你都不敢相信！是和裴裕的！天啊！那他请你看电影干吗？脚踏两只船？太过分了！"

我故作惊讶："真的？太过分了！没想到裴裕是这种人！我要和他分手！"

经理人眯着眼睛看了我一会儿："……卢休你太假了，你早就知道了是不是？"

我故作惊讶："啊？你怎么看出来的？怎……么……会……"

经理人得意地哼笑一声："就我这火眼金睛，什么看不出来？……哎？你早就知道？那你怎么不生气啊？"

"你不是也去看那场电影了吗？不正好可以去讹诈裴裕，说他欺骗你的感情，让他再赔你一场电影，就可以顺理成章地看免费的《木乃伊3》了。"

经理人睁大眼睛："……真的耶！卢休，你好聪明！"

我作揖："过奖，大愚若智而已。"

裴裕最终还是没有说，但他在球场上那么帅气又赢得那么风光，秦小天恨不得让全世界都知道他们复合了。

倒是裴裕，他当着全世界的面，虽然没有提复合的事儿，却向某个人表达了感谢。

晚间新闻上放着采访裴裕的视频："想感谢一个人,谢谢她很理解我,帮我出了很多主意,还陪我'训练'。谢谢。"

老妈瞅了我一眼："好好的饭不吃,咬着筷子盯着电视傻笑什么?"

我挑着炸虾仁："因为心情好,所以傻笑呗。"

手机乒乒的响了一阵,裴裕发短信求救："秦小天问我,她和章子怡谁更漂亮,我怎么回答才能不卑不亢又讨她欢心?"

我咬着筷子呈军师状回复道："反问她,章子怡谁啊?然后趁机拉她的手,万事大吉!"

哎哎,没办法,女哥们儿,就得力挺男闺密啊!

余孽久了就是妖孽

彭建鸿

"我就是个余孽，不过余孽久了就是妖孽。"蔚然把这句话写在本子上，然后用本子挡住她的头，我提笔加上：相貌出众，惑乱众生。

蔚然是空降到这个班级来的。我记得很清楚，那是开学第二天，我一不留神就又迟到了，等我奔到教室门口才发现整个教室连带同桌都焕然一新，要不是讲台上那位和昨天长得一模一样的老师可劲盯着我，我肯定认为我走错教室了。

位置已经被重新安排过了，老师正愁着把我扔哪好，外面又来了两个人。其中一个人吸引了绝大多数人的目光，因为那是一位长裙长发鹅蛋脸、弯眉樱嘴的美女。另一个人长相普通却气势逼人，乍一看长得像年级主任，细一看真是年级主任。老师跟年级主任聊了一会儿就把那女生给带了进来，老师舒了一口气："这下好办了。第二组从第三排开始全体往后挪一排，你们两个人坐一起。"于是我顶着众多羡慕嫉妒恨的目光跟蔚然同桌同班了。可惜我那时一心扑在电脑上，就算仙女下凡我也没空感谢上苍。

蔚然是个极其漂亮的女生，而且相当友好，时不时就拿一大堆零食和前后左右分享；相当低调，张口闭口都是夸奖别人的话；相当善良，别人向她借东西她都直接说送的；别人没空值日，她就帮人打扫卫生。因此她极为受欢迎，女生争着和她聊八卦，男生抢着和她套近乎。

然而也许正因为她太完美了，我反而觉得她不是个好人。当然也许我就是个坏人，自己不好，也见不得别人好。

我跟她是不同的人，本来没什么交集的，可生活有时就像一部烂小说，你不想要什么，它就偏给你来点儿什么。

有天我莫名闹肚子，下午放学后，我直奔厕所，再出来的时候，月亮都挂天上了。不知道锁门没，书包还在教室呢。

后门开着，心一喜，刚进门却发现我的同桌还没走。她把她桌子底下的除课本以外的所有东西都放在桌子上。全是别人送她的各种各样的东西。她此刻正在把纸类的东西一下一下地全部撕碎然后像仙女散花一样扔在地上。

"这些东西我都会好好保存的，谢谢啦！"这是我无数次听到她对送她东西的人说过的话。

我站着没动，默然无声。蔚然撕完东西就把剩下的东西哗啦一下全扔地上了。玻璃碎地声，木板敲打声，瓷器破裂声。

"净会送些乱七八糟的东西，蠢死了！"蔚然喃喃自语着，突然扭头一看。我顿时被吓得魂飞魄散。她也一惊，继而用极其复杂的眼神看着我，我也没空去理会那眼神到底包含着多少疑惑、多少惊讶、多少不满。我只是感觉浑身不自在，寻思着是跑呢、还是跑呢、还是跑呢。"你无耻！"蔚然扔下这三个字，抓起书包自己跑了。

我蒙了半晌，我没干什么啊。

那天之后，蔚然开始经常有意无意地用鄙视的眼光瞟我一下。我无所谓，我一心扑在电脑上，哪有空理你这小女生的小九九。可惜我的生活是一部烂掉渣的小说，一次不行，再来一次。

转眼就是清明，我陪家人去扫墓。墓园很大，而且还在不断地扩建当中。我一度担心整个城市都会变成墓园，直到我知道我们学校以前就是个坟地的时候，我就释然了。

到墓园，家人忙着打扫和除草，我一时帮不上忙，就四处走走。今天墓园人挺多的，却依然给人一种宁静的感觉。也许真的跟死亡比起来，什么事都显得不重要了。

正当我学着哲学家装深沉的时候，迎面撞上了蔚然和她的家人。我板着脸准备再次接受蔚然的鄙视眼神，可是她这次只是看了我一眼，就低头过去了。

溜达回去正好打扫完毕。上香、敬酒、跪拜之后就和家人准备离开。不巧我又看见了蔚然的家人，不过这一回却不见蔚然。纳闷着和家人走出墓园，鬼使神差地我忽然说："你们先回去吧，我还有点儿事。"

"什么事？"妈妈问。

"买教材，老师说这附近的书店才有卖。"我临时编了个理由。

"好吧，你早点儿回来。"家人不再理会我，上车走了。

我转身再次进入墓园。很快我就发现了蔚然，她一个人跪在那儿哭泣，眼泪不断地从她的脸颊上流下来。

我站在墓碑尽头，看着蔚然。空气里弥漫着压抑的感觉，滴答滴答，下雨了。我拔腿就跑，哦，还有一个人，我跑去拉蔚然。

"下雨了，你要不要去躲雨？"我小心翼翼地开口了。

显然蔚然对我的打扰很是惊怒，用愤恨的眼神看了我很多秒以后，吐出一个字："滚！"

"滚就滚。"虽然我预料到了这个情况，但还是接受不了，好心当成驴肝肺。刚走了几步，心不忍，我又折了回来。

"走，雨越来越大了。"我上前去抓住蔚然的手臂，想把她一把拉起来。想不到这小妮子有两下子，我愣是拉不起来。

"你不要反抗了。"我冒出一句。蔚然一愣，眉头使劲儿一拧，脸色一变，再次大声哭泣起来。我以为弄痛她了，赶紧松手，顿时束手无策。

"姐姐，妈妈说下大雨，这把雨伞送给你。"一个胖嘟嘟的小女孩儿把伞塞在蔚然手里，"哥哥要劝劝姐姐不要哭了，下大雨会感冒的。"说着就转身离开了。我惊讶地顺着这个估计连路都没走会几年的小女孩儿看去，不远处一对年轻夫妇正在对着我不断地点头微笑。

"我多少年没碰上好人了，你运气真好。"我赶紧替蔚然打开伞，再次拉了一把蔚然，想不到这次一拉，蔚然就乖乖起来了。

"你跟他们一起的？"出了墓园，蔚然低声说了一句。

"哪有，人家八成是看咱们太有孝心了，送咱一把伞表示支持。"我说："对了，你家怎么走？"

"那边。"

雨越下越大。

"不行，我们再走下去，全身都会报销的！"我果断停下。

"我已经感觉我的两只脚像是踩在鱼缸里了。还是走吧，早死晚死都得死。"蔚然心情好了许多。

"没事，我有办法。"我拉着她走进一家店铺，店铺四周贴着：换季大清仓，亏本大甩卖，亏亏亏！

"你穿几码鞋子？"我问。

"三十七码。"蔚然说。

"老板，这鞋子有三十七码的和四十码的不？"我指着一鞋柜问，鞋柜上贴着一个标签，断码清货，十五元一双。

"有有有。"老板很殷勤地跑了过来："这双三十七码，给你，这双四十码。"

"你试试，看看合脚不。"我递给蔚然一双鞋子。

"鞋子这么多灰，款式还这么老。"我就知道蔚然会不满，转头一看，却见蔚然已经穿好了鞋子。我向蔚然伸了个大拇指："好看。"

"呸！"蔚然轻声道。

"老板，这两双鞋我要了，但是我就二十五块钱。卖不卖？"我干脆利落地说。

"这不行，你看看，这都已经是特价了，才十五块，别说两双，就是三双五双也不能卖，卖一双亏一双啊！"老板为难地说。

"那算了。"我开伞就要出门。

"好好好，你们回来，卖给你们就是了。就当给你们带两双了。唉！"

穿好鞋子，我和蔚然在鞋店不远处的一家奶茶店坐着等雨。

"其实我就是个余孽。"蔚然忽然说。

"什么乱七八糟的。"我很是疑惑。

"我不是我家亲生的。"蔚然眼睛看着窗外一动不动，"我是奶奶抱养的，奶奶对我很好很好。后来奶奶去世了，我才到了现在的家。"

"啊……哦！他们对你不好？"我转着眼睛问。

"不好也不坏，除了物质交流，什么交流都没有了，一天下来问候都可以省略。他们家只是有闲钱养我这个客人而已。我就是个余孽。"

"什么余孽，我看你就是个妖孽，聪明伶俐，祸乱众生。"完了，我一时没注意，把游戏里NPC（非玩家角色）的台词背了出来，正愁解释。

"说得对，我就是个妖孽，余孽久了变成的妖孽，嘿嘿。"蔚然露出了个笑脸。

"你呀，就是因为相貌出众，被人宠坏了，不会自己好好生活，生活得自己寻找快乐。"气氛良好，我开始装睿智了。

"是吗？"蔚然斜视我。

"是的。"我扬声道，"来两杯原味奶茶。"

"你不是没钱了吗？"

"谁说的，我还有五块钱！"

"坏人！我是替那老板说的。"

"随便！"

打那天以后，蔚然一改和谐作风，变得骄傲自恋起来。会说其他人坏话，控诉对某某人的不满，会把别人送的东西和大家一起分享，会很容易生气，也会很容易开心。有时她会突然跟我说："如果我是公主，你就是那只青蛙。可我不是公主，所以你也不是青蛙。最多我是赫敏，你只是波特。哈哈。”然后自己一个人傻不拉叽地笑个半天。

旗　袍

　　我把箱子里的旗袍挂满整个院子，无风的时候，它们静静地看着她；起风的时候，那些故事就在她眼前飞起来。

　　每年的今天对我来说都是重要的日子，我会早早起床，化妆，换上她最喜欢的旗袍，穿过大半个城市去见她，她是我的外婆，而今天，她是我的妈妈。

　　我把领口的蝴蝶盘扣一一系好，手上拎起一个小小的蛋糕盒子，对着镜子一笑："妈妈，我长得像你吗？"

旗　　袍

王　月

每年的今天对我来说都是重要的日子，我会早早起床，化妆，换上她最喜欢的旗袍，穿过大半个城市去见她。

她年轻的时候是小城有名的"周裁缝"，专门给人量体裁衣做旗袍。我见识过她那些压箱底的"宝贝"：上好的绸子面料饰以精致的蝴蝶盘扣，锁边考究，花样繁多，许是在箱子里待的时间太久，它们周身散发着一股樟脑丸的味道。

5月和9月是她固定开箱晾晒旗袍的两个月份，小院里的钢丝晾衣绳挂上许多段尘封经年却依然色彩斑斓的故事，风一吹，故事也跟着飞起来。

我是那个站在花花绿绿里手足无措的小人儿，嘴里喊着"外婆"，手指着旗袍上那对彩色的鸭子。

她不禁掩嘴笑起来，把我抱到小板凳上，抓着我肉嘟嘟的小手朝"鸭子们"探去，她告诉我，那不是鸭子，那是鸳鸯。

那年月，穿旗袍的渐渐少了，她的裁缝铺子也不再吃香，她配了副老花镜，翻了几期报纸，开始琢磨起新的营生。

一个星期以后，门口的"旗袍定制"招牌换成了"成衣定制"。她学着给人做布拉吉，做呢子套装，不足十平方的小屋里也象征性地挂上几件旗袍，来做衣服的姑娘媳妇们往往上手在领口和袖口处摸上几把，旗袍不友善地注视着她们，"吱吱"的静电声颇有几分警告的意味。

每天下午五点钟，她会准时锁上铺子，到学校门口接我放学，买上五毛钱的杨梅肉，五毛钱的金丝猴奶糖，她唱起一支民间小调，我含着奶糖跟在她身后手舞足蹈。

我没有见过外公。外公是1976年大地震的时候没的，十层高的楼房倒下来，连尸体都没找见。外婆带着妈妈从乡下赶到市里，在废墟里扒了两天一夜，后来外公的尸体被救灾的解放军挖出来，外婆这才死了心。外婆早早守了寡，街坊四邻可怜她们孤儿寡母，隔三岔五就给外婆送些玉米面，有时还有时令水果。开始外婆抹不开面子，推说不要，后来她就缝个小褂，织个毛手套，变着法子回礼。

外婆说，我的妈妈考上了外省的专科学校，认识了我的爸爸，后来就有了我。我一断奶就被送到外婆身边。等我再大一点儿，外婆又告诉我，妈妈跟着爸爸到南方跑生意，没空照顾我。

我朝着她眨眨眼睛，欣然接受了这个理由，却哭得更厉害了。

从十六岁开始，每年生日的时候，外婆都会送我一件旗袍，她说等我嫁人的时候要亲手为我缝一件新嫁娘的旗袍。我笑说现在都时兴穿婚纱，她推推鼻梁上的老花镜，想了半晌也没说出一个字。

慢慢地，外婆的记忆力变得很差，她会弄混客人定做的衣服，忘记家里的钥匙放在哪儿，最严重的一次是出门之后找不到回来的路。我带她到市里的医院检查，医生说，外婆患上了老年痴呆症。

她不愿意到疗养院住，也不愿意跟我到市里生活，而是执意要回到裁缝铺，守着那些色彩斑斓的故事过日子，可她也在一点一点淡忘那些故事。她嘴里时常喊着"囡囡，囡囡"，我知道那是妈妈的乳名。

可除此之外，我对那个千里之外的女人竟一无所知。这二十年，没有她的一封信，没有她的任何消息，没有一个温暖的拥抱。街坊邻居告诉我，她走了就没有回来过。

"天上星星一颗颗，地上花儿一朵朵。星星眨眼花儿笑，笑得花

旗
袍

儿弯下腰……"

到后来，这是外婆唯一记得的一首歌谣，她坐在小院里，面朝着南边，像牙牙学语一般重复着这首歌谣。

我把箱子里的旗袍挂满整个院子，无风的时候，它们静静地看着她；起风的时候，那些故事就在她眼前飞起来。

每年的今天对我来说都是重要的日子，我会早早起床，化妆，换上她最喜欢的旗袍，穿过大半个城市去见她，她是我的外婆，而今天，她是我的妈妈。

我把领口的蝴蝶盘扣一一系好，手上拎起一个小小的蛋糕盒子，对着镜子一笑，"妈妈，我长得像你吗？"

几经辗转我才查到，二十年前我的妈妈在回家看外婆的路上出了车祸，而我却在她的怀里活了下来，我被送到外婆身边，在外婆编织的故事里，我从来不曾与不幸相伴，我有爸爸有妈妈，我一直在等他们回来。

我也要送给外婆一个故事，故事里妈妈回家了，她穿着外婆亲手缝制的水蓝色旗袍，羊皮的高跟鞋踩在小城的石板路上"嗒嗒"作响，她倚在外婆的身边，听她叫一声"囡囡"，阳光照在那件旧旗袍上，她指指那对彩色的"鸭子"，告诉外婆那不是鸭子，那是鸳鸯。

爸爸，你就是我最温暖的全世界

惟 念

　　和室友闲聊时，她问我："为什么你三句话都离不开你爸爸呀？"

　　当时我在洗你寄来的衣服，窗外暖暖的阳光照进来，让我心底暖如春煦。看着室友探究的眼神，我不知道怎么回答才妥帖。一直到此刻，我一个人坐在房间里，四周安静得只剩下敲击键盘的声音了，答案才一闪而过。我想，一定是因为你是我最爱的人，且没有之一，所以我才会时时刻刻都把你放在心里挂在嘴边，我是那么害怕失去你。

　　爸爸，大概是从三年前妈妈生病的那个秋天起，我对你的依赖就与日俱增吧。

　　那会儿你回到故乡专门照顾妈妈，我独自在这座偌大的城市里无依无靠，常常是在半夜被噩梦吓醒，继而再没办法入睡。无助的时刻，就把被子拉过头顶，一个人号啕大哭，等着天亮。那会儿我们都知道妈妈是没办法再好起来了，但每一次通电话，彼此都是假装若无其事，现在想起来，是我们都没勇气去接受最爱的人就快要离开自己的事实。

　　妈妈在春天的尾巴上丢下我们走了，那个发现她没有呼吸的深夜，成了我这一生都没办法跨过去的坎儿。葬礼上我哭到失声，最后一句话也说不出来了，但仍然没办法说服自己接受，给了我生命的人，忍受了那么长时间的病痛后，只留下一把骨灰，就真的消失不见了。

095

旗袍

你很快收拾好故乡的一切，回到我身边，只字不提悲伤的过往，而是用双倍的耐心和体贴，让我从巨大的悲恸中缓过劲儿来。

爸爸，你肯定不知道吧，我曾无比羡慕身边的同学。因为他们的家庭完整，有妈妈给他们做很多美味买漂亮的衣服，我时常听他们抱怨，"我妈真啰唆，天天唠叨烦死了。"通常我的反应就是转身飞快地跑到厕所里，然后哭得歇斯底里，我好像这一辈子都没办法再快乐起来。

十八岁的我多自私狭隘啊，忘了你同样也失去了至爱，可我就一个劲儿地给你添麻烦，一点儿也不乖巧。你先是发现我早恋，在家里看到别人送我的戒指，继而被老师叫到学校，最后被告知我的成绩差得几乎没希望上大学了。每一次你被动承受我带给你的麻烦时，都是温和地包容忍耐，一句责备都没有。你让我在家里等着，自己去菜市场买一大包东西回来给我包饺子。在我眼里吃饺子就代表过年团圆，但我们明明就没办法再有一个完整的家，所以饺子只会惊扰往事，让我泪雨滂沱。

爸爸，你从不会说漂亮的话，也很少直接问我想要什么，爱都是一丝一毫地渗透到琐碎的日常里。大概全天下没有第二个男人会像你这样给我叠被子、刷鞋子、整理房间，更不会像你这样陪我做作业到凌晨，即使翌日还要去上班，只要我的台灯亮着，你就会在一边看报纸或喝茶，等我写完才放心地睡觉。

我是后知后觉的人，也是等到了大学阶段空闲的时间多了，才敢回头细想一路走来的种种。那个浑身是刺的小姑娘，也是被你一点儿一点儿拉回正常的轨道上来，虽然我心中仍常常异常敏感，很多次想甩手扔下一切，去做小说里的那种四处行走、放怀天地的剑客。只是一想到你渐长的白发和皱纹，我所有的没良心、不负责任以及冲动、幼稚都会溃不成军。

像是身体里的某个开关被推迟打开，过去的种种就真的成了一粒粒尘埃，静静地放在了岁月的河底。不断流逝的光阴风驰电掣，我终于能和命运握手言和，想着往后的日子，换我来好好照顾你。

我开始关心你的身体，希望你无恙，我给你买袜子买鞋子买零食，希望你能在疲惫劳累的工作外感到一些安慰。我隔三岔五给你打电话，反复叮嘱你过马路要小心，天冷多加衣。

从前我讨厌糟糕的际遇，它让我被迫长大成熟，我也懒于去承担责任，一直向你无尽索取。可前不久过二十一岁生日的夜晚，在跟朋友喝酒时被问到最后悔的事和最想做的事时，我不假思索地告诉他，我最后悔的就是从妈妈去世到现在的三年里，因为自己的懵懂无知而没多为你考虑一些多爱你一些。最想做的就是接下来好好工作，为你创造更好的生活条件。

因为你是我最爱的人，且没有之一。我知道每个人的肉身迟早都会死去，要在我们身体都健康的时候，多去相互关心经常碰面，不轻易苛责和离开对你好的人。这样在不得不说再见的时候，才能真的做到流完泪后，没有遗憾、坚强地走下去。

我还有很多和你有关的愿望没有实现，还有许多想法没有付诸实践，曾答应带你去游玩，让你过漫步闲庭的生活，都被你一口拒绝。你说你不累，你还能做我的大树，风来时雨来时，为我保留一寸温暖干爽的土地。可爸爸不是超人，我想你也会为日益沉重的生活压力深感疲惫。但守护我的另一个天使已经永远离开了，所以你才会一直咬着牙，像个水手，在颠簸的甲板上，认真而坚持地掌舵远航。

所幸你长久保护着心疼着的小姑娘已经长大，她丢掉过去那个青涩懵懂的自己，下定决心地要好好爱你。我想，我要努力去匹配你给我的所有的关怀，做一个更好的自己。

097

旗袍

花与时光同眠

末 末

1

我与刘图灵的关系有些奇妙,较之于其他人。

我想刘图灵当时一定很伤感,那个和他好了二十年的女人终于彻底和他撇清了关系。据刘图灵说,我妈嫁给他时信誓旦旦地和他说,没事的,面包会有的,汽车会有的,房子也会有的。二十年后,她离开家时带走了家中所有的积蓄,以及她的行李和一张法院判决书,同时消失的还有她这个人,我想这足够让刘图灵理直气壮地悲伤起来。

刘图灵曾经很苦情地问我道:"刘阳,你说我这二十年究竟做了什么?到头来我还是只有这个四十来平的房子,一个能赚钱的媳妇却换成了你这个只会烧钱的学生,你说我究竟图个什么?"

刘图灵当时的心情一定是糟糕透了,其实他也不过是在一个公司里老实巴交地过了二十年,前几天才被提拔为经理,却没挡住我妈离开的脚步。

2

自从我妈走后，原本拥挤的小屋竟变得有些宽敞起来，我经常坐在不到十平的客厅里边吃早饭边听刘图灵给我讲他的故事。他的语言温吞，故事里也没有篮球，没有摇滚，更没有打打杀杀，只有自始至终的一种淡然和平静。吃完早饭，我便若有所得地去上学，他也心满意足地去上班，他就是一个如此容易知足的人。

总之，他在别人面前是个普通的中年男人，而之于我，他又变回了少年。

他会和我有一搭没一搭地聊着学习，转变话题也只是瞬间，并不突兀，然后又和我聊起新出的游戏。

他说他会努力用双手去向生活争取，争取我们想要的一切。

我多想说我也有能力养家。

可我怕他笑话我不成熟。

更何况他说这话时眼里绽放异彩，就像他仿佛已经看见我们的光明前途。

3

当我渐渐成长，刘图灵的额头爬上了皱纹，眉眼间覆盖了沧桑，他已然成为一个疲惫的中年人。

我还偷看过刘图灵的情书，他总是以"亲爱的兰"开头，他居然还会写情诗，当然谈不上文采斐然，但句句都在我心中最柔软的地方掐出了血。这些诗句没有挽留下他的兰，却让我蓦然升腾起钦佩与敬意。

刘图灵第一次请我去吃大排档，作为我考上重点高中的奖励。

他第一次请我喝青啤，我也没有拒绝。我们吃饭的大排档离一个垃圾站很近，各种奇怪的味道掺杂在一起，师傅炒菜时冒出的香味与这些气体混在一起，于是欲盖弥彰。解决了这顿极度考验人耐力的晚餐，我和刘图灵走到江边呼吸新鲜空气。

我们就那样微醺地走着，夜市的灯光诡谲而又美丽，我斜了斜刘图灵，用一种梦幻的语调和他说话。

"爸，你老了。"

"养一个学生还是没问题的。"

"我看了你的情书还有诗……"

"呵，都是乱写的。"

"可是你对陈君兰那么好，她怎么就舍得离开你？"

"大概我给不了她想要的吧。可我有你这么个好儿子就是前世修来的福分，只是要委屈你了。"

那一刻，我想我妈是世界上最愚蠢的女人，她给予了我爸爱情，却又毫不留情硬生生撕裂它。

4

陈君兰给我买了一台电脑，让我原本狭小的房间更加拥挤不堪。

她故意在刘图灵不在的时候来，她走的时候，我说："妈，祝你幸福。"

她说："谢谢你，刘阳。"

我接着说："但如果你过得不幸福，那是你活该。"

我不知道从哪儿来的勇气，我想要表达的也许只是纯粹的愤怒，但又不单单是愤怒，还有悲伤甚至绝望。

陈君兰惊愕地看着我，很奇怪，她没有骂我，甚至没有一点儿愤怒的意思。她走上前，摸着我的头发说："刘阳，对不起，你就当没有我这个妈吧。"

凭什么？凭什么？我觉得伤心又很难过，这种感觉就像是一座大楼被瞬间爆破那样，一切都坍塌了，胸腔里充斥着空洞感，仿佛就要把自己湮没了。

5

陈君兰结婚时居然邀请了我和刘图灵，这个真的有必要吗？

我和刘图灵与常人无异，坐在台下，看着陈君兰和那个还没到五十就秃顶的臃肿胖子站在一起；看着陈君兰费尽心思地讨好现在的婆婆；看着陈君兰故作镇定地来我们这桌敬酒。

散场后，我和刘图灵在外头吹了一夜的江风。他还买了扎啤要我陪他喝，他一口一口地往嘴里灌，喷薄的酒气朝我袭来，我也举起罐子喝了起来。

"爸，陈君兰，她真可怜。"我的声音轻微而又单薄，但还是被他听到了。

他起身朝着江对岸大吼："对，陈君兰你真可怜。"

他一直吼我也制止不了，江边的住户拉开窗户看热闹，甚至有人要打110说我们扰民，事态往不可抑制的方向发展。

突然刘图灵转过身指着我说："刘阳，你到底是我儿子还是兄弟？"

我迟疑了下，坚定地回答他："儿子。"

刘图灵听到回答便像藤蔓那样环住我的脖子，挣脱不了，我发了疯似的朝他吼："爸，回家啊！我们回家！"

他放开我："嗯，儿子。我们回家，为了儿子好好活着！"

我搀扶着他颤颤巍巍往家慢慢地走，在这条漫长的马路上，我想只有路边的花儿还没入眠。我相信刘图灵给我的爱会和这花这时光一同入眠，然后伴随我一生，一直延续下去，生生不息。

旗

袍

侥 幸 者

温不柔

　　我并不认为我是一个幸运的人，但是说不幸，未免又有点儿太不懂得知足，毕竟我在抱怨没有鞋穿的时候，还有人没有脚。

　　去年7月3日，我生平第一次感觉到了最深的绝望。我听着外面声嘶力竭的哭喊，平静地拿着你给我买的手机录下了你在这个世界最后的模样。旁观者说，在我的脸上看不到和他们一样的悲伤。于是，他们给我的没心没肺找了一个借口，说我的年纪还小，不懂得死亡不懂得绝望。

　　可能是他们不知道我的压抑，或者我生性就跟他们不同。他们不知道我在他们去收拾遗物的时候，一个人站在陌生的街道给最要好的朋友打电话。我几乎是大喊了出来："我没有爸爸了……"然后泪如雨下，仿佛积压了很久很久。

　　后来，头七那天，你的妻子和两个女儿都梦到了你。当听到母亲和姐姐问我是不是也梦到你时，我诧异又震惊。你好像真的离开这个世界了，或许只能通过这样一个方法来告诉我们你的眷恋。其实，我从来不觉得你已经不在了，就算我亲手埋葬了你的骨灰。我始终觉得，你在很遥远的地方工作，我们彼此牵挂只是很久很久才能见面而已。

　　坎贝尔说，活在活着的人的心里，就是没有死去。我相信你是住我心里的，在此之前，我害怕鬼怪害怕黑暗，但是，那天之后，我突然对这些虚无的东西无所畏惧了，我想你肯定会在我看不到的地方保护我，不惜一切。妈妈说，你走了，给每一个人的心中都留下了一个伤口。我和姐姐以后的路还很长，会有自己的爱人会有自己的家庭，伤痛也会随着生活中其他事情的出现而慢慢减少甚至消失。伤口，也就会逐渐愈合。可是她没有那么久的时间可以遗忘，你们那一代人，一结婚就注定是一辈子。她的伤口是长不出疤来愈合的。我从来不知道只有小学毕业的农妇会讲出这样的一番话，在我看来比任何伟人说出的话都更能打动我的心。

在那个小村落，有的是家长里短是是非非，上了年纪的大婶儿总是爱唠着家常说着闲话。她不想回家，不喜欢看到她们怜悯的眼神。我理解她的脆弱与自卑，就像我最怕她们在我面前说你的意外去世为我挣了大学学费时的口气，好像我愿意用你的生命来换钱一样。说得我像是一个不幸的侥幸者，失去了你，好像获得了更多。其实我更希望我能用所有换得你的平安喜乐，至少让你在闭眼之前看看我们，而不是那么猝不及防地离开。

我来了大学，换了环境。但是在大学的每一个角落我都能想起你。我偷用了你的幸运，用本二的分数上了本一的学校，但是你看不到了。我在人前自始至终都是云淡风轻，提及你时，好像我不曾失去你，又好像我不曾拥有你。别人都羡慕我的乐观我的洒脱，但是他们不知道我在很小的年纪就已经学会了压抑，只是乐观会让自己在乎的人更加快乐。大学所在的城市对我而言是陌生的，好像幼时去你打工的城市过暑假，那时候咱们一天的伙食费是十块钱，唯一的消遣便是你带着我在路灯亮起来的时候在城市的街头散步。那天，我一个人从图书馆走回宿舍，突然抬头，看到相似的路灯，我突然觉得你好像真的不在了，那个会花十块钱给我买香雪杯雪糕的男人不在了。然后我流着泪，一个人默默地走回宿舍。可是，我却很少梦到你了，是不是潜意识里面，我已经把你忘记了？可是每每看到一个和你相似的背影我都会黯然神伤，我会想如果你还在，会是什么模样，是不是更加苍老，是不是更加佝偻？

103

旗
袍

你走了之后，家里面的摆设还是跟往常一样。她舍不得丢掉你的衣服，因为那都是她逼着舍不得花钱的你买的。过年的时候我特别忙，本来懒惰的我肩负起了你的工作，采购、打扫……我会突然停下手中的活儿，想起往年我擦窗户你拖地的场面。我一个人站在阳台上面贴着春联，我一个人骑着车子去市场买菜……我一个人做了我们两个人的事情。妈妈看我干活儿的眼神很特别，她注视着我，一会儿又马上移开，仿佛多看两眼眼泪就会忍不住掉下来。我突然感觉我还是幸运的，至少，我还有她，至少，她还有我。不然，一个人怎么可能轻易走出伤痛？当她抱着我说，还好还有你时，我突然感觉到了你留下的责任。我应该把你的爱、你的心疼一起给她，让她慢慢快乐起来……

我终于明白，所谓侥幸者，就是要在不幸中发现幸运，珍惜所有的，要将不幸之人的遗憾变成不悔。

爸，你说对吗？

愿你在岁月无声中安然长大

文 丹

下雨了。似乎我经历过的每个感动的场面都要下雨。

你撑着一把大伞，在黑压压的考生里寻找我。学校保安还不肯开门，心安理得地坐在那儿抽烟。校门外是一大群爸爸妈妈在等候。

考场里、考场外好像完全没有集市般吵闹，考生家长也都放下性子内心却在焦急地等待着自己的孩子，所有情感都写在了脸上，那是爱的最好诠释，虽然这只是很容易过的会考。

你的目光总算跟我对上了，人群里瘦瘦高高的你显得特别单薄，倒不是身体原因，是因为你的背后没有带来我强大的亲友团。你兴奋地向我招手，你的笑容满面在雨中让我觉得更好看。你慢慢地挤进人群里，想要为我撑伞，就像为我撑起一片天一样。

我摆了摆手，示意你不要过来，我一会儿就能出去了。

等了十多分钟，"仁慈"的保安总算开了门。人群涌动，你在我快要被人海湮没的那一刻拉起我的手，一边走一边把伞向我这边移，还很开心地说："我终于见到姐姐了。"像个小大人。

我朝你满意地竖起了大拇指："不是叫你不要来的吗？雨大风大的。"我煞有介事但还是很满足地说。

"姐姐好久都没回家了，难得放假，我就来啦。"你奶声奶气，毕竟是个没有长大的小孩儿。

旗

袍

"呼，考完试了，走，我们回家。"我叹了一口气，然后热情未减地对你说。

"呼，回家。"你也跟着叹了一声。

我们并肩走着，忽而惊觉你已经比我高出了很多。

因为放中考假，足足颓废了五天。电脑前的我是在跟很相熟的男同学聊假期生活。

"假期真不是个好东西，叫人颓废，叫人不上进。"他发出这样的感叹还附带上几个坏笑的表情，让我好难堪。

"大神，你说的不就是我吗？"我依然是尴尬。他平时就勤奋好学，不像我。

"你啊，多向你弟弟学习啊。"不知道他在电脑那边是怎样的意味深长，让我感到自己一无是处。

他是我的小学、初中、高中同学，也是你的球友，你们玩得比我还欢。

"我回来了。"在我刚打出"知道了呵呵"结束对话的时候，弟弟抱着球回家了。

你只是个六年级的小学生，却没有那些整天跟洋娃娃小布偶或是坐在电脑前疯狂地玩"英雄联盟"的同龄人模样，而是选择我不太感冒的运动。虽然如此，我并没有因此而自豪，相反，是在女生堆里经常晒自己弟弟如何如何好的安妮向我投来艳羡的眼神。我都知道，因为我有个好到足够令人羡慕的弟弟。

醍醐灌顶。晚上我空闲到在阳台看星空，你似乎察觉出我有心事在窗口对我说："姐姐怎么了？"我向里看，你的书桌上是写了满满答案的试卷。

"没事儿，姐姐就是想看看天空，很久没这么认真地看了。"我笑笑，像所有的风轻云淡，却知道我不能佯装成不痛不痒。学业的压力，成长的压力，升学的压力，无不将我的心摧残得千疮百孔。

"姐姐要加油啊，还有一年，真的没什么的。"不知何时你坐在了我的身边。

我点点头，默许你的说法。是的，老师真的没骗我们，高中三年，时间过得真的好快。

凌晨时分，我终于想明白，看起了书。因为想起很久以前雄心勃勃的自己拍着胸口信誓旦旦地对你说："姐姐会成为你的榜样，也希望你能成为姐姐的榜样。"但是啊，我何时变得如此堕落，还沦落到要你的鼓励？

大概是一场很久以前的考试，大概是天生的拖延症，我把自己狠狠地追问了一遍又一遍，抽打那满是泪痕的脸，在寂然落寞的黑夜里溃不成军。

第二天早上，我双眼还是红肿得吓人。你害怕地看着我。

早饭吃得不太愉快，妈妈满是怨言地说我熬夜肯定是不务正业看小说了。我只是笑笑，你沉默。

可是你还是带我去了运动场，乒乓球大概是我最能接受的球类运动了吧，当然除此以外还有足球。是的，我们痛痛快快地打了一早上，终于把我内心的不愉快给打得粉碎。

世界杯如期而至。除了在电视上看，我还在真实的足球场看这个小孩儿练足球。小学四年级时你说你要成为会踢足球又会打篮球的小伙子。我清楚地记得你说出这句话时我足足狂笑了三分钟，然后通过微博、朋友圈、QQ告知我的好友，唯恐他们不知道。可是现在想来，你却真的一步步地去实现这个你称之为目标的东西。

"姐，你还记得小时候教你的老师吗？""姐姐，她现在教我，她一眼就认出我是你弟弟来，还问我你现在情况怎么样。""姐姐姐姐，她说你当年就是她的骄傲，她很喜欢认真勤奋的你。"……太多太多有着熠熠光环的过去，与现在作别。

你瞪着好奇的大眼睛看着我微笑点头的样子，汗流浃背。

"所以姐姐是想通了吗，要跟我一起好好学习吗？"

旗

袍

"不，是作战！讲学习太落伍了，不符合你00后的风格。"

然后我们都笑了，一路小跑追着赶着回了家。也正是看着你羽翼未丰的背影，让我感到一股坚强的力量。你踏着我走过的路，一步步地学会安慰、学会长大。

一时间，我竟感动不已。

还记得你四年级前调皮捣蛋到邻居整天闹上门来找妈妈的麻烦，那时候天还很蓝，我还很认真学习，妈妈也没有失望。

妈妈是个刀子嘴豆腐心的妈妈，平时总是要忙里忙外，照顾老人、小孩儿，还要拖着睡不够的疲惫身躯去上班。所以更多的时候，是我在照看你。

有一次，当邻居带着他们家鼻青脸肿哭闹不停的小孩儿上我们家说理时，妈妈想动手打你。我当时带着壮烈牺牲的决心挡在了你前面，吃了妈妈的一大巴掌。邻居大妈再也不好意思说什么，灰头土脸地走了。

你颤巍巍地躲在我身后，妈妈没追究什么，只是叫我看好你。但你并没有因此改掉你的淘气，还变本加厉地带我去偷邻居家的果子，带我去河边捕鱼，带我经历了很多你未曾经历过的事儿。你从跌跌撞撞地爬上树又很紧张地蹒跚着下来到动如脱兔、灵活自如，你从不敢轻易下水只能看着大哥哥在水里嘲笑你是旱鸭子到已经深谙水性。你给你的童年镀上了难忘的斑斓得没有纰漏的一层层光，也给我带来了我满世界的快乐。

看《海贼王》看到如痴如醉，于是我们开始了人生第一次发人深省的美其名曰"长大"的谈话。大概说了什么我倒是忘得很干净了，但你也正是从此走上了我认为的正路。你也活得轻松，还跟邻居家孩子成了挚友，妈妈也把沉重的心放下了，仅仅是因为你突然开窍。

我亲爱的小孩儿，就算日子过得大风大雨，也别忘记晒干心情，做自己的英雄。

我写下这段感受时，你已经完成复习悄然睡去。小升初依然要考试，你也卷入了考试的大浪中。其实我想说，你不调皮的样子还挺可爱。你好像睡不着，偶尔传出一两声咳嗽，我摸摸你的头，像小时候哄你睡觉一样。

明天依然是新的一天，而你人生的第一个具有转折点意义的考试就要到来。我知道，你这么辛勤地付出，总会收获到你想要的。而明天，我也会像你等我时那样，等待你自信满满地走出考场。

而那时，我不怕在这漫漶的时光中悄然老去，我只愿你在岁月无声中安然长大。

晚安，我亲爱的弟弟。

旗

袍

爷爷，我知道你并没有走远

溪 夏

很多年后，我再一次回到那里，那座老房子仍在原处。

其实，它已经不能算作是一座房子，台阶上长满了苔藓，到处是蜘蛛网。能用来遮风挡雨的门和屋顶也不知去了哪里，只剩下了一个残破的壳，可这个壳却承载着我十几年的回忆。

这座老房子在十年前一直很热闹，生活在这里的点点滴滴我都一直记着。在记忆中，门上总是贴着一副对联，从第一年贴到第二年，对联的内容也会每年更换，求财、祈福、保平安……

我早已记不清爷爷从何时起不再抱着我坐在门口，教我认字读对联；也记不清从什么时候开始，爷爷不再把自己喜欢吃的菜夹到我的碗里；我更记不得，从什么时候开始他不再无论刮风下雨都送我去上学了……

十年如此短暂，我还没有忘记这屋子的一砖一瓦，我也没有忘记爷爷和蔼可亲的模样，我更没有忘记爷爷给我讲的故事、带我走过的每一条路……

可是，那条走了十年的小路，现在却换了模样。

从我上小学开始，老屋与学校连接的那条路便有了我与爷爷的脚步声。

过马路的时候，他总会紧紧地拽着我，直到车子开远了，他才松开我的手。现在，我只会幻听般听见爷爷的叮嘱，独自放慢脚步，等车子开远了再走。

"过马路要慢一点儿。"这句叮嘱就好像跨越了时空，历经万般艰辛才到达我的耳边，就算我不懂得生命多么的宝贵，也不会在过马路的时候，把这句话抛在一边。

后来爷爷去世了，爸妈把我接到了市里，奶奶住到了叔叔家，老屋空了下来，里面变得阴暗且冷清。

有一天，奶奶再次提到爷爷时，突然哽咽起来。在爷爷去世后，奶奶就经常哭，我知道，即使是饱经风霜，失去在一起生活了几十年的亲人时，也还是会像孩子一样难受与绝望。

爷爷去世的那天我还在学校，爸爸将这个消息告诉我时，我呆立在原地，我忘了自己当时是什么表情，只记得那一瞬间天旋地转。

爸爸看着我说："想哭就哭吧，我知道你打小就跟爷爷关系好。"我愣愣地站在那，什么反应也没有。那一天，所有人都陷入了悲伤，每个人都哭得撕心裂肺，可是我没哭。

我看到我的爷爷躺在床上，他的周围放满了花朵，我多么希望爷爷能睁开眼看一眼，他年轻时那么喜欢花，若是看到身边有这么多花，一定会开心得合不拢嘴。

爷爷依旧很年轻，穿着一身黑色新衣服，让我想起在我很小的时候爷爷过年时穿着新衣服给我唱歌。分明，爷爷还那么年轻；分明，我还没有长大；分明，现在的一切都不该是眼前这样……

爷爷被送去火化的那天，一向坚强的爸爸哭倒在了地上，我躲在人群中，远远地看着他手足无措。

这一定是一场噩梦吧，否则为什么每个人都像失了方向。

爷爷还是走了，他一向硬朗的身体和抱过我的臂膀都化成了一把骨灰。

那天阳光很充足，我却站在旁边颤抖。爷爷知道我怕冷，所以每年冬天，他都会帮我暖手、捂脚，为我买各种各样漂亮的手套。

111

旗
袍

妈妈从前面走过来，她说："你先回去上课吧。"我努力控制住身体的颤抖，一步一步地挪回学校。

那天，我一直没有流泪，只是喉咙疼得说不出话，没多久，心脏也开始疼了起来。

后来奶奶和门口的熟人聊天，每当提到我考上重点大学的时候，邻居都会止不住地夸赞，将来你就等着享孙女的福吧，奶奶便会立刻没了刚刚聊天的欢快。她总是说："还能熬到那个时候吗？当初她爷爷也说要等到她上大学，不也没熬到吗？"

是啊，爷爷失信了。

他以前总是对我说："等你考上大学我和你爸一起送你去。"我说："好。"

那时候，爷爷最大的梦想就是我能考上好的大学。"给宝贝孙女攒钱上大学"这句话，他时常挂在嘴边，其实，他的孙女并不需要他的钱，但我仍希望，在我收到录取通知书的那天，他拿着攒了一辈子的钱乐呵呵地对我说："我的宝贝孙女考上大学啦，这是给你上大学的钱。"然后我就可以骄傲地说："我不用你的钱，我已经是大人了，可以自己赚钱啦。"

可现实为什么和想象的不一样呢？他连让我骄傲一次的机会都不给我，我考上大学了，他却走了。

我曾经对爷爷说，我以后要挣好多好多的钱，买一个足够大的房子，把他和奶奶接过来住在一起，一直这样生活下去。他的离去使这一切都变成了一个遥不可及的梦……

奶奶说，那天爷爷看着电视，突然就倒在了地上。

我想，那时候他一定非常疼。

他从来不去看病，想把钱省下来给我买东西，却还总是骗我说自己身子骨硬朗，不会有什么大事儿，可是他不知道，我宁愿自己生病，也不愿意他就这样离我而去。

奶奶看着爷爷的照片，红了眼眶。而我却是个冷酷到极点的孩子，照片里的爷爷看着我笑容和蔼，我朝他微微笑了笑，我想让他看见我现在很幸福，正如他以前希望的一样。

五岁的表弟走过来，他扯着我的衣角问："爷爷是不是去天堂里玩了？"他没有一丝悲伤，反而眼中藏着向往。我看着他，坚定地点点头，默认了他的话。

是的，爷爷没有离开，他留下了那座老房子，去了天堂。

旗

袍

蜡笔小新不悲伤

你那天的装扮，委婉点儿说是超凡脱俗。直白点儿说，简直雷死人不偿命。火红色的T恤，火红色的紧身裤，当然，高帮帆布鞋也是红色的，栗色的爆炸头下面是一张被眼影、腮红涂得乱七八糟的脸。我后来还在琢磨，要是头发也是火红的，那么肯定有人把你抓到不明生物研究所里去吧。

当时我脑子里唯一的想法就是你在模仿一只火鸡。

遇见最美好

牧小尔

坐上回家的末班车时，天早黑了，手机显示着现在的时间二十一点五十四分。你发来信息：我到了。

不争气地又红了眼眶。

"一个人坐公交车要有点儿警惕心，不要拿着手机玩个不停。上课也别睡觉了，笔记要记得抄。天气转凉了，要注意。还有，早餐多少要吃点儿。信息不用回了，回家早点儿睡，旭。"

在心里一遍又一遍地对自己说，没有你我依旧可以过得很好。

我讨厌地理。更讨厌自己的自信满满。如果不是自我感觉良好，也不会不复习地理，也不会在中考时考到自己的地理新低，五百二十一分，活生生地将我踢出理想高中——和你约定的高中。

而你却以自己的历史新高五百三十三分考进了。

难道这就是所谓的命运？所谓的无缘？好吧，我认了。

新班级的同学都是二爹的孩子。洋子是个男的。这个极女性化的名字是我对他印象深刻的原因。他说，我是他见过最念旧的二货。

这是因为我在开学的第一天，为了对他成为我的同桌表示愤怒，对他说了初中同桌文旭的所有的好。最后他得出的结论就是——我是他见过最念旧的二货。

上语文课时就中了第一枪——被老师点名背诵。习惯性地用手推了推同桌，却没有意想中的提示。才知道，同桌的你，已在前去深圳的车上。

小务过来探班。第一句话就让我吃瘪了。"哎哟，尔姐，旭哥上车都多久了，你眼睛还这么肿。"

"小子，悠着点儿，你旭哥回头来搞报复啊。"

"尔姐，放过我吧，谁不知道这些年，旭哥都罩着你，我都让旭哥给报复得不像样了。好不容易旭哥去深圳了，你就让着我，让我长点儿志气呗。我这么一个一米六八的男儿，老活在你的专制下，我都觉得没面子了。"

第一次听人这么说，罩着？突然觉得，我习惯了你的存在，习惯依赖着你，于是变得贪婪了，也变得越发不满足，竟要你一直随着我。

跟姚瑶吐了半天的苦水。最后她说："妞儿，知足吧，你这脾气，谁受得了啊？看你和文旭那会儿，我多少次替他感到不值，每次还不是他让我让着你一点儿。他一个'九尺'男儿，每天要帮你买早餐、抄笔记，你被叫背诵时还得在旁边缩着头一小段一小段提示着。你呢，还不是照样不知道他的好，什么气都撒他身上，他现在能上理想的高中了，你还不乐意。妞儿，女朋友都不带你这样的。"

电话的这头发蒙了。是啊，我现在的不开心、不乐意，是在生气文旭一个人去了深圳吗？想着她的话，越发地觉得自己恶劣。

收拾书包时，无意中瞥见最底下的那张纸。

"书包垃圾太多，要及时清扫。文帅。"

似乎想到你写这张纸时很二的表情，心情莫名地好。初中那会儿，为了不被别人抓到把柄，每次都会把自己的随笔放进书包，没有及时清扫，时间一长，书包底下就白花花的都是纸条。你就会经常提醒着，但是，最后还是你值日倒垃圾时，到我的书包去取。

不知为何，似乎突然长大了，会想了，懂了。

这些本不是你该做的，但是你却一直默默地做着。充当着各种角色，是我一直不满足，想要你做得更多，甚至忘却你的好。到头了才知道茫茫人海，有个你，多么不容易。

文旭，你是我遇见的最美好。愿出征的你，一切安好。

初三生活周记本

溟希晴

6月，被中高考熬煮过的孩子们无论心情咋样，都要出去散散心，减减压哟，跟随浅步调去西塘，在有爱情游荡的地方放飞自己的梦想——不亦乐乎。

第一周。

物理老师的讲课声呆板无感情，树叶摇晃时的沙沙声虚幻缥缈，微风从落地窗偷偷溜进来把我吹得昏昏欲睡。

突然一串悦耳音符把我从精灵森林拉回来，广播响起，预示着下课的美妙旋律果然比老师的声音更有威力。

我用笔头戳戳小老婶儿的背："《快乐大本营》和《快乐到家》请了韩庚，你有看吗？"

小老婶儿因睡意而拉下来的脸立即变得神采奕奕，这货此时此刻心花怒放："当然有啦！"接着便是一阵傻笑，拿出一本2010年的《中学生博览》盯着里面一张韩庚的照片犯花痴，还对其进行猛夸："韩庚不但帅，而且善良、孝顺、有爱心、重情重义、努力、认真……"

真是粉丝眼里出那个啥。

另一边，二老婶儿捧着我的那本2013年1A的《中学生博览》对着炎亚纶流口水。如果不快点儿把小博收起来，这杂志可就毁了。

小老婶儿面无表情地瞄了一眼炎亚纶的照片："不就是个小白

脸，哪有韩庚帅？"

二老婶儿顷刻间一脸不爽："你审美有问题。"

我无奈，好吧，这俩货太异类了，也不看看封面明星是谁。"韩庚和炎亚纶都没我家敏镐帅，不用争了。"

话刚说完，俩货的眼里便燃起熊熊大火。一场暴力血案即将发生。

邸下拿着一张照片凑过来："同桌看看我家麦兜。"

又是这只猪，看来必须实行下思想教育了，然后我便一副老师模样用手指点点她的头："早跟你说了要成熟点儿，都初三了，还喜欢一只笨猪，而且这猪根本就不可爱嘛。你看左眼那块胎记肯定是上辈子给人揍的……"话还没说完，三个人黑着脸对我进行围殴……

好吧，她们的偶像是我所不能侵犯的，以后还是老老实实地闭嘴。

第二周。

今天下楼见一群学生涌了上来，原来是八班去拍照。

说到拍照，邸下却愁了，她说："我最讨厌的就是拍照了。"

我说："你长得也不差嘛，不缺眼睛不缺鼻子的。"

"你不知道，这次拍的又是黑白照，跟遗照没两样。"

我石化……

然后，邸下嬉皮笑脸地勾住我的手，幽幽地吐出一句话："你拍完要给我留一张哦！我拿去贴到卧室墙上，很避邪。"

速度很快，下午老师便把印有"遗照"的登记表发下来。

凭借组长发登记表的那一脸春风笑意，我就知道相片的惨状。

果然，脸圆的更圆，眼小的更小，笑容欠扁的更欠扁……真不愧于"遗照"之名。

看着组长的照片，我和邸下相视一笑，深情唱起那首老歌：苍天笑，吓死人了……

第三周。

下午放学后和邸下来到操场，跑完四百米准备回去，却见一篮球以每秒四米的速度向这里滚来，再听球场那边的政史老师一声大叫："妹子，踢过来！"

哇，原来是老师们的球。我心花怒放，心想要耍帅，摆好姿势，刚想踢球，然后……那球就从我脚下滚了过去。姐那个凌乱啊，老师们也鸦雀无声啊！

眼巴巴看着球滚到旗台旁终于停下，我背着二十公斤重的书包三小跑一步行屁颠屁颠地跑过去捡球，然后我身后那个白痴同桌就不顾形象地莫名大笑起来。

她说："同桌你刚才小跑的样子好萌哦！"随后一阵猛笑……

我瞪了她一眼："不许笑！"

"真让人心动。"她继续猛笑……

我气急败坏："笑你个头啊，背个书包能跑得多萌？你倒是跑给我看看！"

她还是猛笑……

第四周。

邸下说："同学你去改个发型吧！我都审美疲劳了。"

我回答："好啊，早就想剪了。"

于是……

在某个夕阳西下的傍晚，我昂首挺胸地走出发廊，甩甩刘海儿，伸出食指指向天空："从今天起，我要帅气地生活！"一句话吼出，几只鸟正从天边飞过，没啥人理我，倒是看见闺密骑着脚踏车嗖嗖向我而来，连一句话都没说先给我来个白眼："娃，别吼了，回家吃饭吧！"

"纪忧月，我已经剪了短发，我要当一回假小子。"夕阳下，我小跑追在闺密车后。

她依旧是那一副欠扁的面无表情："别想了，回家吃饭吧！"

难忘的初三时光，感谢上天让我遇到你们、邸下、小老婶儿、二老婶儿，还有纪忧月。我爱你们。

蜡笔小新不悲伤

陌浅狸

怪 咖 少 女

每次回想和你初次见面的场景，我都会笑得前仰后合。

那是升初二那年的暑假，在小镇唯一的网吧里，我奉命去缉拿在里面玩CS杀得满眼血红的表弟。结果表弟没有被缉拿归案，却意外地看到了坐在角落里的你。

你那天的装扮，委婉点儿说是超凡脱俗。直白点儿说，简直雷死人不偿命。火红色的T恤，火红色的紧身裤，当然，高邦帆布鞋也是红色的，栗色的爆炸头下面是一张被眼影、腮红涂得乱七八糟的脸。我后来还在琢磨，要是头发也是火红的，那么肯定有人把你抓到不明生物研究所里去吧。

当时我脑子里唯一的想法就是你在扮一只火鸡。于是我头脑一热，激动地上前握住你的手："同学，你扮得真像啊！"

你不明所以地看着我："什么真像？"

你一脸被噎住的表情："我只是穿得稍微喜庆了点儿，至于吗？"

这回换我石化了……

你热情地招呼我坐下，我看了一眼电脑屏幕，顿时又被华丽丽地雷到了，完全Hold不住了，屏幕上面那个土豆头、红T恤黄短裤的小家伙无比深情地唱着："大象大象，你的鼻子为什么那么长……"

你笑得天花乱坠，颇有大将风范地拍着桌子，好像蜡笔小新真的带给你无穷的力量一般。

真是一朵奇葩啊！和你比起来，我平时和男生勾肩搭背的行为简直称得上是淑女。

电光火石之间，我突然觉得和你做朋友似乎是件挺开心的事。

原来那天是你姐姐结婚的日子，你想图个喜庆，却一不小心弄成了非主流。

一个下午我和你从陌生人转化成朋友，彼此相见恨晚、惺惺相惜。最后我们俩交换了联系方式，你告诉我你叫雷拉。

不得不说，这个名字蛮适合你的，又雷人又拉风。嘻嘻，原谅我就是个爱损人的姑娘。

双 贱 客

初二那年，我们分到了一个班，你握着我的手热泪盈眶地说"终于找到组织了"时的模样我至今记忆犹新，其实一开始我压根没认得出你，我还在想啥时候组织上又多了个美女。因为"单贱侠"只有一个成员，就是本姑娘我啦。

其实我没有认出你是有原因的。根本原因是你来了个形象大改造。栗色的爆炸头被拉直成了齐腰长发。干净的脸上不施粉黛，白色的裙子显得你更加清瘦。直接原因是在暑假的摧残下，我的眼镜度数如芝麻开花般节节高升，势不可挡。

你向老师申请坐在我的旁边，美其名曰："交流学习，互助上进。"实则是"发展组织，共创大业"。

在你成为我的同桌后，我们一起叽叽喳喳争辩不休，说古论今、谈天说地、鬼马神奇；我们一起嘻嘻哈哈看《蜡笔小新》，一起研究哪个老师最亲切；一起八卦班级又新增几对鸳鸯，一起叫嚷未来要当对方的伴娘、孩子的干妈……

你会突发奇想在我睡着的时候用狗尾巴草挠我鼻子，我也会在你吃饭时故意讲笑话被你喷了一脸的汤；你会在陪我上厕所时一开始死活不肯进去，可等我出来时又突然想上；我也会在你心情低落时发一个奇丑无比的猪头逗你开心。

所以初二那年，我们的关系从阶级同志转化为革命盟友，"单贱侠"也变成了"双贱客"。

无果而终的暗恋

那年中考结束，我和你都顺利地进入了本校的高中部。

有一次放学，你鬼鬼祟祟地靠到我耳边："我今天看到一个帅哥，那叫一个阳光帅气，眉清目秀，你要见到了肯定会尖叫的。"

我鄙视地看了你一眼，大义凛然地说："笑话，我也是有内涵的姑娘，怎么可能是禁不住美色诱惑的肤浅之人？怎么可能以貌取人？你要矜持点儿……"

你不由分说，拉着我的手急匆匆地向食堂奔去："再矜就迟了。"

虽然我的眼光一向很挑剔，但是看到你口中所谓的帅哥我还真同意了你的说法，真是陌上人如玉，公子世无双啊！

我觉得你和他在一起绝对是金童玉女，便怂恿你去跟人家要号码。

你欣然应允了我的建议，刚走到一半，前面突然冒出个女生，甜蜜蜜地挽上了那帅哥的胳膊，谈笑风生地远去了。

你立即蔫了，耷拉个脑袋愣在原地，然后"哇"的一声哭出来，惊天地泣鬼神。

我拍拍你的肩膀，语重心长地说："世上男生千万个，这个不行换一个。"

直到现在，你都觉得那是你最大的耻辱。后来我总是拿这件事揶揄你，不过厚脸皮的你也逐渐不当回事了。

写到这里，我看了看旁边睡得正香的你，拿出签字笔在你胳膊上画了个猪头，前座的男生狡黠地看着我。我笑而不语，我怎么可能告诉他，猪头是象征我们友谊的暗号呢?

雷拉姑娘，虽然你有时候很傻很天真，虽然你有时候小人得志古灵精怪，但是你更是个听话善良讨人喜欢的姑娘。我们永远永远是好朋友! 我发了财一定不会忘记你呀!

昨　天

木　娅

　　跟瑞瑞认识的契机，是她成了W的新同桌。我跟W是熟识了几年的，但我对他还是存有私心。碰巧高三又分在一个班上，开学的时候还没出座位表，我和W两个还坐在一起谈论着各种陌生的面孔，座位表出来之后W就坐在了她旁边。不知道是因为周围同学太过生疏还是其他原因，我总是留心W那边的动静，后来便发现他和新同桌打得各种火热，让我也不得不开始留心起瑞瑞的存在。

　　瑞瑞是个剪了个蘑菇头的女生，每次听到我们喊她蘑菇都笑得眼睛眯起来。我有时候去找W，见她在旁边跟W拌嘴拌得不可开交，我就插进去帮着瑞瑞说几句话，然后一起看着W无力反驳的吃瘪模样。没几次我和瑞瑞便熟识了，从下课约着去买零食再到放学一起回家，然后聊得越来越多，聊到了暗恋，无所不谈。

　　高三生活枯燥又乏味，每天上课就是记笔记，下课齐刷刷地睡倒一片，剩下的一片依然在奋力刷题。在学校里比起闲谈，大家讨论更多的是数学题目的最后一问要用什么解法，或者又背了什么作文万能句式。而我和瑞瑞的聊天挪到了晚上写完作业睡觉之前，交谈方式则变成了短信。我们互相发的短信总是很长很长，收到或者发出去都有一种莫名的成就感。

　　有天晚上我和瑞瑞依然聊到深夜，我把手机的声音关了，一来短信它便在我的掌心里震动两下。还是冬天，电热毯的热度还没有完全散去，便把头埋在被子里看着亮起来的手机屏幕，擦掉凝结在屏幕上的水气。我们聊起了喜欢的男生，那时候她和我们班上另外一个男生正不温不火地进行着，她在短信里提起了他有些傻气的行为，却是带着炫耀的语气。我开玩笑说要不我们两个在一起好了，她回复说好啊我最爱你了。又聊了一段时间之后她跟我说"晚安"，我便回了一条"明天见"，她却反驳我说已经过了零点，应该是今天见。后来每天晚上我们都聊到零点以后，我似乎分不清楚昨天和今天的交界，而早上再想起半夜的交谈觉得像是梦境，看到手机收件箱里的短信又觉得心满意足，于是重新投入到新的学习里。

开学之后因为作业的缘故，我很少再去找高中的同学聊天，和瑞瑞的联系虽然一直没有断过，但是相比起之前已经减少了不少。有一天晚上不用补课作业也写完了，瑞瑞突然说要和我视频。我接了邀请，看到她长长的头发已经牢牢束在了脑后，便调侃了一番她军训完晒黑的肤色，其实已经很晚了她那边光线也很暗，我根本看不清她到底有没有变黑，她却突然激动了起来跟我扯着军训时的事情。她嗓门还是一如既往的清亮，但是说了几句后好像意识到寝室里其他人的存在便又放轻了语调。她连珠炮似的说了一大段，我却因为还没军训，只能恰到好处地在她说累的空隙填补进几个空洞的语气词。寝室里的网速并不快，聊着聊着画面就卡住了，看着画质模糊的画面里的她，我的思维似乎也变得迟钝起来，想不到更多的话题，也懒得再去制造话题，再扯了几句就用网速慢的借口结束了视频。

可是后来再聊起来的时候，我却开始有些无法接受她的玩笑话。我跟她谈论起我的作业，她看了我发给她的截图之后，却跟我说："你第一段的'的'都用错了，应该是'地'。"有时候我看书看得有些焦躁的时候跟她埋怨起来，她却告诉我她因为课少所以准备出去找兼职。我和她之间的交谈不再是排解的渠道，反而让我变得更加焦虑，而瑞瑞似乎完全没有察觉到我的异样，反而讲起了她带着她新买的相机出去采风的事情。我甚至开始厌倦于礼貌性地赞赏或是好奇，只能减少与她交谈的次数。而她找我的次数也逐渐少了，她微博上的照片越来越多，照片里都是她和一些我不认识的女生，而微博的内容总是圈了无数个我不认识的名字。我感觉我们依然无话不说，却好像在自说自话。

寒假回去之后我们见了一面，说要约着一起吃顿饭。见了面之后我们俩都笑了，我说："你觉得我有变化吗？"她认真地把我从头看到脚："除了头发长了点儿，其他一如既往地傻。"我熟络地把手臂压在她的肩上，才发现她似乎长高了，压起来都没有之前那样得心应手了。我们进了必胜客点了一个小号的比萨，却都错误地估计了小号比萨的尺寸。正当她说着她只能吃三块的时候，服务员把切成四块的小号比萨端了上来，我们两个看着对方笑个不停。我似乎很久没有那样笑过了，似乎回到了高三，我们一起看着W吃瘪而笑得毫无形象的时候。晚上分别之前瑞瑞对我说："我觉得你今天特别开心啊。"我说："因为见到你了啊。"她笑了笑便上车走了。

晚上回到家之后我看着手机里晚上拍的照片，配了一段长长的话发了微博，然后圈了她。但是晚上我刷了好几次微博，那条微博都静静地躺在那里，没有评论也没有转发，甚至连一个赞也没有。那种莫名的焦躁时不时泛上来，一直持续到我钻进被子里准备睡觉的时候。我点开QQ看见她在，便发了一个"晚安"过去。过了一会儿她也回了一个晚安给我，我突然想起原来的段子，就回了一个"明天见。"可是还没发送出去，她的头像就已经灭了。

我看了看时间，已经过了零点。再看刚才的窗口，已经自动提示是昨天的会话。我点开微博，把那条长长的微博又看了一遍，按下了删除。或许纠结晚安是昨天还是今天说的人只有我吧，又或许纠结昨天的我，已经是昨天的我了。

水果主食混搭三人组

沐筱桔

请不要被我的标题所欺骗，"水果主食混搭三人组"就是指我们的橙子、李子、米粥（皆为外号）。

话说三人组中的橙子，充分体现了"浓缩就是精华"这句话，眼睛大得吓人，大大的脑袋更是如同一台极其精密的高速计算机。在我们还在论证两条直线平行的时候，橙子同学已经开始进行两个三角形全等的推理论证了。如果你以为这位橙子同学只是一个学习上的天才、智商极高的书呆子，那你就大错特错了。橙子同学秉承"创新的才是最好的"原则，将我们每天记录作业的作业单不断创新，设立各种栏目，在这个仅四百五十九平方厘米的地盘上进行独特创造，并由此成立了独一无二的"十二班作业单编辑部"。

再来看看这个李子，典型的反应迟钝。一道题，别人五分钟就搞明白了，此李子愣是研究了二十多分钟还不太懂。但此水果绝不轻言放弃，不断向前迈进，坚信自己终有一天会翻山越岭、披荆斩棘，踏破重重难关，取得最后胜利。反应迟钝的人，做事也快不起来，李子基本上是每天最后几个踏进班级的同学之一。有时约李子出去，此水果过了约定时间三十多分钟才来，外带一脸天真无邪的笑容，傻乎乎的可爱。

然后就是主食——米粥。此米粥总是有些乱七八糟的爱好和稀奇古怪的想法。米粥同学从小学就有追星、写小说等影响学习的不良嗜好，这些东西还经常被她挂在嘴边，从而成了一个话多的人。此米粥平时大大咧咧，粗心大意，抄一个五行的课文，愣是能少抄两行。此主食相比前两个水果来说要更高更胖一些，有时候就变成了大家嘲讽的对象，而米粥同学的心灵还稍显脆弱，容易哭。

就是这样三个性格截然不同的人，组成了独一无二的"水果主食混搭三人组"。

话说上次学校组织爬大山。三人组中除李子外，另两个人体育均不及格，外加橙子同学体质也不够好。于是，在爬山过程中，李子一边拎着自己和橙子的包包，一边拉着米粥往上走；米粥一边扶着橙子一边喊口号；橙子也没闲着，又是唱歌又是加油，三个人连拉带拽硬是爬上了山顶。

班会、音乐课、做PPT，三人组成员总是形影不离，平时的小打小闹完全不影响三个人手拉着手向幸福的彼岸奔跑。这是一个绝无仅有的"水果主食混搭三人组"，演绎着青春年华中最美好的友情……

梦想，恰逢花开

张小彩有时感觉自己的人生可能栽到这儿了，几个熟悉的阿姨大妈会说："小彩怎么愈发成熟了，跟薛宝钗似的？"张小彩就会苦笑："阿姨您也更成熟了，和贾太君有一拼！"张小彩的毒舌有名地很，她不喜欢一堆人跟市井泼妇一般七嘴八舌客套着。

张小彩也不喜欢拿自己和薛宝钗比。小一点儿看《红楼梦》，张小彩很喜欢贾宝玉，等张小彩大了些，对贾宝玉的做法总是瞧不起，不管你怎么看破红尘，也不能不负责任把宝钗抛下！

刺　猬

科学无解

似乎从小学以来，我身上的标签就一直是没新意的"叛逆少年"，恶俗青春小说里头所有叛逆的桥段我都一一尝试过，而某些感觉良好的桥段已经成了潜移默化的习惯。这些习惯让老师们颇为头痛，我家电话时常在下午五点之后成为热线，爸妈忙着打麻将，就给我个凌厉的眼神，我百无聊赖地跑过去，沉着嗓子佯装我是老爸。

"喂，喂？何老师啊！徐正义又干什么混账事儿了？等他回来看我揍他！"

这时候老师本着以人为本的原则连忙劝解，说什么小孩子不懂事，要以语言教育为主，用爱感化他们，而不能简单粗暴地对待他们，这样只会适得其反。于是我赶快换一种口气："对对，老师您说得对，我一定和正义好好谈一谈，谢谢老师，谢谢老师。"

等我利落地挂了电话，吹个悠长的口哨，客厅那边传来"和了"的庆贺声，然后是嘈杂又清脆的麻将推倒声。我耸耸肩，挎上背包穿过凌乱不堪烟雾缭绕的客厅，直往门口走去。

老妈这时候会好歹履行一下职责："干吗去？"

"打游戏！"我把拖鞋踢到一旁，脚往球鞋里踩，"晚饭做好了，在锅里热着，别忘了吃。"这时候打麻将的左邻右舍就会啧啧称奇："你儿子真好。"老爸非常自豪地一昂头："他打游戏更好！"

懒得瞎扯，我关上门，把一切嘈杂都关在屋内，而后把老爸落在门锁里的钥匙拔下来，放在门垫下面。如果家人总是这么让人放不下心，自己却活得规规矩矩，岂不是累死人了。

晚霞烧得像火一样，我没什么情绪地路过网吧，里面那些个乳臭未干的小鬼们正在和老板纠缠，过不了多久他们就会沉浸在激烈无止境的打杀里，再过不了多久就要被老师拿着书砸头了。

名叫"遥远"的咖啡厅一如既往地在那个拥有浓重阴影的拐角里静默着，等着一切老友随意来访。

我推门进去，迎面而来的是厚重陈旧而熟悉的气息，总给人一种难得的安稳。

现实太浮躁，人总需要一个值得信赖的地方放松自己。

嗜烟如命却明令禁止在厅内吸烟的老板从痛苦的戒烟周期中抬起头来看了我一眼："小子，来啦？"

"嗯。写作业。"

"怎么？你爹娘又在家里打麻将？"

"成年人总得有点儿爱好释放压力。"

"有你这么善解人意的儿子真好。"

"是吗，所以你偶尔背着女儿抽根烟，我也不会告诉她的。"

老板痛苦地抓着头发："不要这么对我！"

那些被老师捧在手掌心里的好学生们永远也不会知道，那个抽烟喝酒吊儿郎当的徐正义，在他们吃着饭、向父母发着牢骚的时候，正对着数学课本奋笔疾书。

这时间"遥远"里面的人并不多，老板端过来一杯卡布奇诺："要是被青睐你的那些女孩子看到你竟然这么中规中矩，她们肯定失望死了欸！少年仔，每个女生可都在潜意识里喜欢着流里流气的痞男，而不是书呆子啊！"

"吵死了。"

是不是无论男女，只要到了一定的年龄都会害啰唆病啊。

就像现在，我们班那个数学科代表已经在我面前唠叨超过五分钟了，为的只是我没有交数学作业。

我掏掏耳朵，说："喂，你真的很烦。"

在开口的一刹那我便知道不应说这句话，随后我便被数学课代表那排山倒海般的咆哮声淹没了，最怕女生不讲理，她们爆发起来才不管什么逻辑与道理，非把八辈子前的血债恩仇扯到你身上来。

显然课代表同学今天心情不太好，瞪着我的那双锃亮的眼睛竟然开始往外泛泪花，随着一声哽咽，我心里咯噔一声，糟了。但一切都迟了，课代表开始放声大哭，一边哭一边喊："让你不交作业！让你不交作业！"

真没见过这么不讲理的女生，全班五十多双眼睛正直愣愣地盯着我，我暗骂一声，转身问后面幸灾乐祸的哥们儿借纸巾。哥们儿一边递纸巾一边调侃："怎么把人家小姑娘惹哭了啊？"

"闭嘴。"我简洁地回答，一边把整包纸巾扔到课代表面前，"别哭了别哭了，我写作业还不成，别哭了行吗！"

这时候说"停"，翻译到正在哭泣的女孩子耳朵里，就变成了"请尽情释放你的泪水吧"，女生梨花带雨，简直像有十台隐蔽的摄像机对着她一样，女生哭号着："早干什么去了？！现在想起来交作业了！嗝！你知不知道你有多讨厌！嗝！"

"徐正义，你给我过来！"

班主任很适时地出现在教室门口，因为脸长后面这一圈哥们儿暗地里都叫他小马哥。

跟到办公室，小马哥慢悠悠地喝了一口茶，说："徐正义，你真是越来越不像话了！有那闲工夫去招惹人家女孩子干什么！"

一切说辞都是徒劳的，从小学开始就深明这一点的我保持缄默，眼睛呆滞地望着窗外，几个漂亮的女生正欢快地从窗外走过，那种青春无敌的笑声只会让人想到春天。

小马哥顺着我的目光看过去，不禁露出了鄙夷的神色："徐正义，你看看你！变成什么样子了！你以为你这样唯我独尊吊儿郎当，北大清华就要你了？再看看你这头发，啊，男生留那么长头发干嘛！流里流气的，成何体统！"

全世界的班主任好像都是一个模子刻出来的，简直就像《黑客帝国》的史密斯一样。盯着小马哥那张唾沫飞溅的嘴，我突然有个很妙的想法，我把头一低说："知道了。"

第二天小马哥一看到我就崩溃了："徐正义，你给我过来！"

全班发出一阵哄笑，小马哥颤抖着伸出食指："谁、谁让你剃光头的！"

我自我感觉良好地摸摸发凉的头皮："您说我头发太长了啊，所以昨天一放学我就去剪头发了。"

小马哥气急败坏："那那那……也没让你剪这么短啊！"

全班又是一阵哄笑，后排的哥们儿开始拼命地敲桌子狂笑。

小马哥已经没情绪管其他人了，我这锃亮的光头要是给级部主任看到非得请他喝茶不可："去给我弄顶帽子去！快去！"

光头的日子很爽，因为洗脸的时候可以一并洗洗头，走在路上也很有回头率，好多低年级的小男生远远看到我还很夸张地一鞠躬，大喊一声"大哥"！只不过头顶老招风，有时候怪冷的。还有"遥远"的老板说不戴帽子就不许我进门，还怨我形象太糟糕，很坏他的门面。

这天照旧在"遥远"写完作业，慢慢看一本《瓦尔登湖》。忽听"啊呀"一声，头顶响起熟悉的责问声："徐正义！你没事儿在这里干什么！"

我叹口气，这小魔女怎么无处不在。"大姐，我在这里看书，又怎么打扰您了？"数学课代表少见多怪："徐正义！你怎么可以在念书！你不是痞子吗！"

谁说痞子不能念书，不都说最怕流氓有文化吗，我就自我感觉良好，有时候还觉得挺骄傲。

另外一个女生凑过来，问数学课代表："穆莲，怎么了？这是你同学啊？"穆莲一副天塌下来的表情，结结巴巴地回答她，"不、不知道啊！太可怕了！徐正义正在看书！"

那个女生觉得奇怪："看书怎么了？"

穆莲深吸一口气："你不知道！他还是个光头！"

瞧，这女生又开始无理取闹，有时候真的很想知道她们大脑是什么构造，究竟有没有大脑沟。但她那个表情真的很好玩，两条眉毛倒竖，小脸粉嘟嘟的，有一点点可爱。我突然笑出声来。

穆莲脸一红："你笑什么？"

"觉得你这样子很可爱。"我实话实说。

"流、流氓！"穆莲脸更红了，连忙抛下这句话，拉着同伴转身就走，走了几步又一个急刹车，回头凶狠地补了一句，"明天别忘了交数学作业！"

老板很尽兴地凑过来八卦："你的小女友？"

我摇摇头："同学。"

老板看了看穆莲远去的背影："挺好的啊，可以培养发展成女朋友。"

我继续摇头："养虎遗患。"

虽然口头上说没想法，但莫名其妙地就开始关注穆莲了，她在讲台上讲题，和同学笑骂打闹，站在树下盯着枝头硕大的玉兰花发呆……而我们之间的交流也逐渐增多，她就是个率性的小疯子，起码冬天一口气吃三根冰糕这种事儿，我是没有尝试过。

有天值日的时候我们留到最后，她突然趴在讲桌上问我："喂，徐正义，我们怎么成为好朋友的？"

我把桌椅摆放整齐："剃了光头之后。"

穆莲"哦"了一声，过一会儿："对不起啊，那天我心情不好才莫名其妙地冲你发火，害你剃光头。"

我摸了摸渐渐长出来的毛刺："凉快啊。"

穆莲忸怩了一会儿："喂，徐正义。"

从没见过她这么吞吞吐吐："怎么了？"

"你……你……你能不能抱我一下？因为从小到大从来没有男生抱过我，所以很想感觉一下……这个要求不会太过分吧？如果你觉得不方便的话就算了……"

这女生怎么这么可爱，反正抱她一下我又不会掉块肉，更何况从小到大我也没有抱过优等生，所以我就本着第一次吃阳澄湖大闸蟹的心情抱了她一下，然后——

"徐正义！你给我过来！"小马哥很适时地出现在门口，他那张脸如今更加生动了。

很快，穆莲作为受害者被层层保护起来，而针对我的三堂会审很快就展开了，对面有五张椅子，分别坐着小马哥、穆莲的爸妈和我那俩常因为打麻将而缺席的爸妈。

小马哥义愤填膺先声夺人："徐正义！你知不知道穆莲是要考北大清华的！"

难道穆莲有分身术？可以一半考清华一半考北大？我一如既往地保持着沉默，双目呆滞地望着窗外，如今那里再也没有形容艳丽的女孩子了，只有抠着鼻孔的男生幸灾乐祸地看过来。

紧接着，穆莲的爸妈开始讲述他们揪心的过去，作为下岗职工，他们如何不易地把穆莲拉扯长大，唯一的凤愿就是看着她考入北大清华，如今在女儿人生最关键的时刻（我觉得女孩子最关键的时刻是结婚的时候），他们不希望出现什么变故，更不希望女儿受到骚扰。

虽然十几年来习惯于老师的批判，可我还是不能习惯他们眼神里有意无意流露出来的鄙夷，那种看人渣一样的表情是我最不能忍受的，我的尊严让我抬起了头："对不起，叔叔阿姨，小马——何老师，我不会再纠缠穆莲了。"

青春里很多东西一闪即逝。最纯粹和最美好的东西，都是经不起磕碰的。可稀里糊涂的大人啊，为什么你们总喜欢用如此简单粗暴的方式，来毁灭孩子的天堂呢？

记得有人说我像刺猬，看起来什么都无所谓，实际身上长满了刺。不知道我这样的性格有没有伤害到别人，有没有伤害到自己，可从那一天开始，别的一切在我眼中都不重要了。我再也不和穆莲说话，佯装看不见她欲言又止的神情，也不理会她在身后的呼喊。在别人眼里我一如平常，该玩的时候就发了疯地玩，抽空和小马哥作对，寻找人生乐趣。可只有我自己知道，我比以前要上百倍地努力，我强迫自己去背那些毫无意义的单词，他们以为我在听摇滚的时候，耳机里放的是鸟叫般的英语。

最可怕的是有了确定的目标，这让人迸发出极致的力量。

然而——然而，人生终究是不能圆满的。

纵然我暗地里下决心要给他们点儿颜色看看，可是，北大清华哪是那么容易进的，拿着北大清华录取通知书摔在小马哥脸上的幻想终于还是破灭了。但小马哥依旧被我深深震撼了，我差十五分没能像穆莲一样上北大，应该也不算太坏的结果吧。

拿录取通知书那天碰到了穆莲，她看着我目光闪烁，突然冒出来句："喂，徐正义，你应该谢谢我！"

早就习惯了她那种莫名其妙的思维，我点点头："哦，谢谢你。"

穆莲深深地看了我一眼："不管怎样，结果不太糟糕，我们大学也是一座城市欸！所以，我们……还算好朋友吗？"

我想了想："还算。"

小马哥正从办公室里看过来，我冲他笑了笑，又抬头去看天。

夏天刚刚开始，日子还很漫长。

梦想，恰逢花开

蓝 的 球

张小彩再次爆发了，恼人的物理、化学紧紧地掐住她的脖子，盯着班主任那张黑了一天的脸，张小彩打了个冷战。

张小彩也有过辉煌的时刻，只不过过了太久，连她都记不住了。再说，过去有点儿像变味的牛奶，张小彩觉得矫情。甚至，梦想仿佛离张小彩越来越远，至少她是这么认为。

张小彩朋友很多，但没一个可以上刀山下火海，倒不是她不真诚，交往稍稍深入一点儿，班主任就跟扫黄似的消灭，久而久之，张小彩反倒不深交友了，怎样都是结束，还不如不开始，要不然总会被伤透。张小彩视自己为友情的毒药，倒不是自暴自弃，事实啊，你碰上个曹操版的班主任，谁不烦呢。张小彩庆幸自己不是同性恋，要不怎么死的都不知道。

张小彩最初不觉得自己有多差，她的梦想是当作家，张小彩的努力没和成绩成正比，她也知道，世上只有一个韩寒，自己碰不到那么大个馅饼，碰到了也没准儿被砸死。

张小彩发现，自己那套"忧伤文学"只会被定为消极思想，她为了拿高分，也只好写那些恶心别人也恶心自己的文章。每次下笔，她总会挣扎一番，写这样的八股文，是对自己手指不忠诚。

张小彩知道自己不是合格的写手，"艺术源于生活也高于生活"真真在她身上体现够了。因为某段情感，张小彩能抛头颅洒热血，费尽

139

心思创作一部长篇小说，可现实很悲哀，当现实的写照破灭了，张小彩的创作动力也烟消云散，无论小说写了多长，该扔就扔。张小彩觉得勉强不来，她不会把现实中的灰姑娘变为小说里的白雪公主，用自己的悲哀编造虚伪的幸福，太累，太苦。

张小彩只希望平平淡淡过一生，自知无福消受偶像剧中山盟海誓的爱情，张小彩从不羡慕女主角，那样的花美男少之又少，白日做梦、想入非非的疯子、傻子才会抱有一种对女主角羡慕嫉妒恨的心态。

张小彩喜欢的男生，堪称有才无貌，甚至张小彩有时都看不下去。身边几个朋友，对那些"金玉其外、败絮其中的"阿飞们扮花痴，装萌，张小彩除了说一句"这家伙怎么长得这么违章"外，不发一句评论。倒不是信奉"心灵美才是真正美"这老掉牙、土得掉渣的口号，而是觉得内涵最重要。

张小彩有时感觉自己的人生可能栽到这儿了，几个熟悉的阿姨大妈会说："小彩怎么愈发成熟了，跟薛宝钗似的？"张小彩就会苦笑："阿姨您也更成熟了，和贾太君有一拼！"张小彩的毒舌有名得很，她不喜欢一堆人跟市井泼妇一般七嘴八舌客套着。

张小彩也不喜欢拿自己和薛宝钗比。小一点儿看《红楼梦》，张小彩很喜欢贾宝玉，等张小彩大了些，对贾宝玉的做法总是瞧不起，不管你怎么看破红尘，也不能不负责任把宝钗抛下！

张小彩是个半腹黑女，信奉"人不犯我，我不犯人"的名句，倒不是发扬正当防卫的英雄主义，只不过以牙还牙、以眼还眼罢了。

张小彩大爱《甄嬛传》，对甄玉娆敬佩有加，张小彩的性格倒不会那般刚烈，只是那嘴上功夫与她有几分相像。张小彩希望回古代一次，在"女子无才便是德"的日子里，古韵古香一回，把她的个性发挥一番，回来狠赚一笔稿费。也算不枉此生，不虚此行。

张小彩还在继续她的人生路，未来的事谁也说不准。张小彩千年不败的座右铭——

"梦想，恰逢花开！"

如果我是一个瘦子

吴 忧

我相信，我会是一个瘦子，不管是明天还是将来，反正不是现在。

当我第N+1次被前桌的男生回头吼"吴胖胖，你怎么还在吃？"的时候，我终于没忍住内心的小宇宙爆发了出来，我一口把嘴里的巧克力蛋糕末喷在他的脸上。他顿时瞪大了眼睛，一脸茫然的样子。

"你浑蛋，"好半天他才冒出了一句，后悔不该在我吃的时候对我吼那句，"你吃就吃嘛，你还喷！"他无可奈何地转过了身体，不停地用水洗着脸。

活该！

我暗暗得意，心满意足地吃完最后一个好丽友派之后，擦擦嘴巴，把桌子上的所有零食袋装进白色方便袋里，打了一个结。

"喂，让一下。"同桌正趴在桌子上写作业。听到我的话之后她只是连着椅子往前象征性地挪动了一下。我面露难色地看着她的椅子与后面的桌子之间那一段狭小的距离。

"呃……"看我好半天没动静，同桌抬头扫了我一眼，没说话，终于站起了身。我如获大赦，心里一阵窃喜。其实我就是这个意思啦。

没过几秒，我就优哉游哉地回来了。同桌像木乃伊一样趴在桌子上不动。我正考虑该怎么请她出来让我走进去，才不会招她烦。后桌的男生看我杵在那里，于是往后挪了挪桌子。我踮起脚尖，侧身走过狭小的缝隙，在座位上坐下来的时候，我终于松了一口气。

哗啦啦的书和试卷极不和谐地散落一地时，我惊讶地看着面前的一切。

"吴胖胖！"同桌尖锐的声音朝我咆哮而来，我距声源处远点儿，物理书上说减少噪音的直接途径是防止进入耳朵，我想，如果长此以往下去，我的耳膜会折寿的。

我捡起地上的书本，但四周的桌椅却不安分起来，好像要故意来添乱似的。

"我、讨、厌、你、的、身、材。"同桌一字一顿地说出了这七个字，顺带给了我一记卫生球。

又不是我想长胖，真是。

是的，我比你还讨厌我自己的身材。

我讨厌每次有亲戚来家里的时候，总会捏着我的脸说："小优，你怎么又长胖了。"那些咯咯咯像母鸡下蛋的笑声让那张涂满脂粉的脸抽搐着。

"哎呀，你别说了。学习不用功当然又胖了。"妈妈在一旁附和着。

你是我妈耶，你怎么可以这样说我。我瞪了她一眼，你女儿我每晚可是学到很晚的，只是这身子要发福那也挡不住啊。

我看看自己。好像……是长胖了……一点儿。

啊！如果我有仙女棒，变大、变小、变瘦子，那多好。

过完年，刚开学，学校为了入学籍，又组织了什么体检。真是该死，又要称体重了。

所有的女生排成一队。我磨蹭着，想等她们都称完我再过去。轮到我时，我迅速地站了上去，然后又下来。在那个女高音的呵斥声中又被迫站在体重机上重新称量。

"哇，你有一百二十多斤啊！"

"不会吧？我看看。"

"快有一个半我了。"

"你应该是我们班最胖的了。"突然后面炸开了锅，一群女生像是发现了新大陆一样，而我在她们露骨的笑声中拿着体检表，夹着自己的尾巴仓皇而逃。

像《圣经》里说的："没有义人，连一个也没有。"

于是，我下定决心减肥。我有足够成为一个瘦子的理由，比如：如果我是一个瘦子，那我就可以穿上安娜苏、阿依莲的衣服了，再也不会羡慕杂志上的那些女孩儿了；我不会害怕没有我可以穿上的衣服了，买裤子和上衣的时候，就不会担心跟阿姨说拿最大的型号，周围人的目光齐刷刷地射过来的场景了；那些好看的衣服就可以试穿了，不会遭受那些卖衣服的阿姨鄙夷的眼光，不用忍受他们一副你是胖子你穿肯定不会好看的表情。

再比如，如果我是瘦子，我可以吃好多自己喜欢的东西，不会在我吃的时候尴尬地被人说"都胖成这样了，还吃？"就不会羡慕那些瘦子一边说着"长胖就长胖"这样大言不惭的话，然后又偷偷减肥。也不会在和别人争好吃的东西时，因为别人的一句"这种高脂肪的东西你不能吃"而崩溃，一切都丧失了争夺的理由。

又比如说，如果我是瘦子的话，就不会担心屁股下的椅子坏了，是因为体重的原因；爬上铺床板的晃动是因自己体重的原因；不会被该死的男生嘲笑"你和我打架，你可以以绝对的优势战胜我，因为你可以压死我"。

对于这么多的理由，我开始采取节食来达到目的，一个月没吃早饭，午饭只吃水果，结果胃疼了好几次，饿得晕头转向。对于一个吃货来说，终于在一个月后的第一天被一盘糖醋肉彻底击溃了防线，然后一发不可收拾，拉着同为吃货的朋友走过一条街，于是什么蛋挞、鲜虾堡、可乐鸡翅、仙草1号、牛肉、盖锅饭、冰激凌、双皮奶什么的全部装进了肚子里。吃最后一个鸡腿的时候，我宣告，减肥失败。

瘦子一定是胖子的天敌，要不然，胖子怎么会因为瘦子而痛苦呢，瘦子是胖子世界中不能存在的天敌。

我想。

我是一个胖子，所以注定成为不了一个美女。

假如我是一个瘦子，我会不会没有那么多的烦恼？

F中青春簿

萧　稔

F校学生很认真

F校是重点中学，经常出现一些牛人。有全国高中生奥数一等奖的得主，有国家二级运动员，有连跳三级的十岁天才儿童，有无数考上清华北大的学长学姐……这让我们这些后进生一进F中就压力不小。以前初中的时候还是精英生的我在F中一下子体验到了什么叫作"飞流直下三千尺"，那活生生的落差感啊。同桌葛莹莹是个戴着啤酒瓶底以及牙箍的胖女孩儿，每天在学校，我只看到她除了吃就是学习。葛莹莹有着坚强的意志以及强大的身躯，足以战胜任何艰难险阻，对各种数学疑难杂症她是来者不拒。当她趴在书桌上唰唰唰地奋笔疾书，那桌子的震动程度害得我的字常常都是歪的，这点班主任老徐找找谈了好几次了。可是我觉得他真应该找葛莹莹而不是我。

和葛莹莹做同桌久了，我也掌握了一条定律，那就是上课的时候千万不要打扰她。葛莹莹可是把老师说的每一句话都要刻在脑子里的，注意是"刻"。就连老师偶尔的八卦啊冷笑话啊小抱怨啊，过了三年葛莹莹仍然记忆犹新。我常常觉得葛莹莹上课看老师时那求知若渴的目光真的是令人感动啊，真纳闷她下课吃的哪些零食怎么这么快就消化了。

我的好哥们儿许凌说，她上课的时候消化的是精神食粮，下课的时候消化的是物质食粮，两者是不可同日而语的。真是一语惊醒梦中人啊！

其实像葛莹莹这样的人很多，比如我后桌姜娜，我前前桌何磊，班长淘西西……每次看到他们勤奋而又认真的背影，我就惭愧不已，觉得他们都是我前方屹立不倒的偶像，当然"天才总是站在巨人的肩膀上"，对此许凌又发表了他精辟的见解，真是令我佩服得五体投地啊！

为了早日站在巨人的肩膀上，我破天荒地主动问了老徐一个数学问题，老徐看到我来问，那表情不亚于哥伦布发现了新大陆，当然他很快就又换上了欣喜若狂的表情，热情洋溢地夸奖了我一番，搞得天天来问问题的淘西西看我的眼神里多了一丝丝嫉妒。我羞涩地抱着练习本冲回座位，内心还在激动地雀跃着，许凌白了我一眼，问了我一句："会了吗？"

我这才发现……我刚才根本没听明白就回来了！第一次问问题就这么失败啊！

葛莹莹说我一个大老爷们儿为什么问问题的时候这么羞涩。这个我也考虑了很久，后来我放弃了，因为我瞄准了她。当然千万不要误会，此瞄准非彼瞄准。我一点儿非分之想都没有。虽然葛莹莹上课安静了点儿，下课咀嚼声大了点儿，没事还震动桌子搞得我觉都睡不好，但是这也不能影响她是一个热心、善良的好姑娘。有一阵子我拿问题去问她，她的表情与老师如出一辙，不同的是最后她总要多出一句："**魏然，这么简单的你怎么都不会啊。**"

F中的老师很疯狂

F中的老师每天都是早出晚归，早上我一脸睡意，眼睛还被眼屎糊着，迷迷糊糊地进教室的时候，老徐已经跷着二郎腿在讲台上坐了好久了。他每次看到我都要说一声："魏然，你给我精神点儿！"

冬天很多同学迟到。老徐裹着穿了一冬天的那件橘红色大衣（类似于消防队员穿的那种），异常醒目地坐在教室门口。迟到一个抓一个，我不幸也在其中。下课后，我们这些迟到的同学都来找老徐。可惜我排的比较后面，老徐一个个问原因，问到我时，前面的理由早就被用烂了。我也不知道要编一个什么理由，只好说我作业落家里了又跑回去拿。老徐说："你怎么不把你人也落在家里啊？"我正不知道说什么好，偏偏我们组交作业的组长姜娜突然走过来问我："魏然，你的作业呢？"我彻底无语了……因为我根本就没做啊……

语文老师王志吉，我们都叫他王老吉。他虽然不老，但是长得一脸老相。他三十岁出头，魁梧结实，粉笔字那真是苍劲有力啊。他上课，粉笔用得最快了。许凌说他坐在最后一排都能清清楚楚地看到王老吉写的板书，真是近视眼的福音啊。他最喜欢讲作文，也最喜欢念学生的作文。他有一个爱好，就是念完优秀作文后，还要再念一些让人印象深刻的作文给我们听。我常常觉得，能写出这些作文的人那搞笑的功底也真是太牛了。

有一次我们写一篇"难忘的一件事"。好吧，这是个已经被无数小学生、初中生、高中生写烂的一个作文题。可是王老吉还是沧海拾珠般找到不少与众不同的作文。王老吉说："好东西不能自己藏着。我最喜欢的一篇作文就是《扫墓》，我被作者那与生俱来的幽默感所折服，许多段落很久之后我仍然能够背诵出来。"

他一说完，全班哄堂大笑。接着他开始念："4月5日，一年一度的扫墓节来到的时候，我伴着金灿灿的阳光和小鸟的歌唱来扫墓。到了那里人可真多呀!平时这儿根本没人来，今天周围的农民和小贩却都跑来'摆摊儿'。我一看有卖袜子的，有卖发卡的，更有卖吃喝的，还有卖盗版光盘、盗版书籍的……"

每次上完王老吉的作文课，我都觉得肚子好疼——笑疼的。

F中很公平。不准学生迟到，也不准老师迟到的。可是有一天英语老师"灭绝师太"居然迟到了!灭绝师太每天都是一身黑，那一头包菜发型，一年365天每天都梳得工工整整地盘在后脑勺上。不管她上课时多么激情澎湃，手舞足蹈，从来就没有一丝头发落下来过。那一天灭绝师太一进来，我们都吓了一跳。教室里本来还沸沸扬扬的，见到灭绝师太顿时鸦雀无声。连我前面的多话婆张玲玲也突然噤声了。只见灭绝师太换了一个发型，把一头乌黑的长发披了下来，剪了一个齐刘海儿，穿了一身碎花连衣裙，整个就是一个阳光美少女啊！我们这才发现灭绝师太才二十多岁啊，原来灭绝师太这么美啊。一分钟后，全班开始议论纷纷。有"我真是瞎了眼，有眼不识泰山啊"的懊恼；有"老师怎么不早点儿醒悟啊，这么好的资质还藏着掖着"的赞叹；有"哎，老师以前怎么不早这样，上课我就不会老睡觉了"的埋怨……

灭绝师太，哦，不，美女老师，进来后在课桌上不知道找什么东西。我们这才发现原来外面下雨了，老师脸上都是雨水。正当我们感动着呢，老师突然问："我擦脸的纸呢？"说完，还在课桌上翻来覆去地找……

她好容易找到了纸巾，边擦脸边说："同学们，今天就不要说起立了哈。"她笑了笑，又说，"同学们好。"

我们都太激动了，班长条件反射般地说："起立！"

于是我们一个个都激动地站起来说："美女老师好！"

美女老师皱着一张脸说："完蛋了……这下校长肯定知道我迟到了……"

F中的地下恋情多又多

如果你以为F中只是一所书呆子的学校，那你就太低估我们了。其实班长喜欢团支书我已经看出来好久了；其实好好学生葛莹莹暗恋许凌这件事我就不信许凌这个多情公子看不出来；其实高江涛追姜娜都一学期了虽然我是军师但是也攻克不了姜娜这座坚硬的堡垒……

有一阵子，我把所有才智都发挥在写情书上。王老吉说才华是不能浪费的，既然我有写作的才华，就应该随时利用上。于是我开张了

"魏氏情书店"，欢迎各大同学踊跃购买，视字数多少，难易程度决定价格，具体面议。许凌说，"魏氏情书店"太土了，还要在下面加一个广告语。为此他帮我想了，诸如，"喂，原来你在这里之魏氏情书店"，还有"'魏'蓝天空般的蓝色情书坊"等等。第一天开张，何磊就找到了我说要给班花杜佳丽写一篇情书。杜佳丽真是一个佳丽，只可惜心气颇高，以前她收到情书都是看都不看直接扔到垃圾桶的。为此，我特地苦思冥想了一夜，连英语单词都没背（好吧，我根本不想背……），硬是把情书伪装成作文作业的样子交到杜佳丽的手中，还特诚恳地说："佳丽，你帮我改改作文吧。"说完，我就溜之大吉了，留下何磊含情脉脉地充满期待地注视着杜佳丽。杜佳丽还不明所以，打开看了老半天，突然笑个不停。我和何磊都莫名其妙地看了半天，不知道她搞什么名堂。我自认为写的情诗引经据典，外有罗密欧与朱丽叶，中有梁山伯与祝英台，还不至于这么可笑吧？

　　过了一会儿，杜佳丽就招手叫我过去了："你写的难忘的一件事还挺逗的。"

　　我莫名其妙地打开作文本，差点儿晕过去。我是这么写的："我的记忆是一只美丽的木匣。打开它，里面放着许多珍珠。每一颗珍珠就是我的一件童年往事。童年的时候我养了一条小花狗，后来它老了，要死了，我伤心极了。只见小狗瘫在地上抽搐着，用无神的眼睛望着我，好像在说：'小主人，我就要走了，你就是为了我也要好好学习呀!我的在天之灵会保佑你每次考试都考一百分的……'"

　　我居然把我为许凌写的恶搞作文交给杜佳丽了……而远方何磊还在期待地望着我，那眼里分明写着"稳操胜券"……

今天以你为荣，明日以我为荣

　　高三我就没时间和许凌聊哪个女孩子长得漂亮、班长和团支书的恋情有没有新进展的八卦了。许凌正在攻克英语，每天张口闭口都是

"How are you？"葛莹莹换上了一本"无与伦比精英状元笔记"（我真的不懂难道状元不都是精英吗），灭绝师太，哦不，美女老师结婚了，依然天天追着我们后面讨作业。夏天到了，老徐换上了一件白衬衫，又是一个夏季不变……

誓师大会那一天，校长说："今天你们要以F中为荣，那么明天呢？明天，你们要让F中以你们为荣。"我想，我是多么庆幸自己是F中的学生，无论我走到哪里，我都会想念F中，虽然我常常和别人抱怨它。

你是奇人否

小太爷

我　篇

勇于展开自我批评检讨的人，都是真的勇士。

例如我。因为串座的缘故，我坐到了最后一排。自古后排出精英啊，为了积极响应先人号召，我开发出了自身的多项功能。例如接话、嘴碎等等。其中最重要的一项，莫过于胡扯。

胡扯分为几个层次。第一层次是随口扯，扯一句也就顶天了；第二层次是预谋扯，先想好，再扯，充其量能扯出个三五句；第三层是最高境界，思想扯——这种人请公安部门一定要密切关注并加以控制，小心被犯罪团伙控制或自行成立犯罪团伙，成为危害社会的不稳定因素，危害人民生命财产安全——很不幸，我已经修炼到了这一层，给我一个同桌，我能说到世界灭亡。

有一天我问同桌港港："你是在哪儿长大的呀？"

"一半一半吧，在市里也住过，在林业局也待过。"

本地是林区，所以林业局很多。

我眼睛一转，开始扯："呀，我也是。"

港港惊讶："你不是市里的吗？"

"不是，"我一摆手，"小时候吧，我妈把我放在河边，她洗衣服，然后我就被狼叼走了。我在山上长大的。我有很多朋友，什么长颈鹿啊、大猩猩啊、海豚啊……"

"你咋不说你是花仙子呢？"港港一脸鄙视。

"我刚要说这段。"我温婉地如同春风般地微笑着说。

"你走开……"

再后来就演变成了这样。

"港港你听我说！"

"别扯！"

"不是，你听我说啊！"

"还扯是不是？老师！老师！"

为了报复他，我选择了一个夜黑风高的晚上——拽着他扯了一节课，终于成功地摧毁了他的人生观。

我想我成功了。

奇　人　篇

我们班是三个人一桌，所以我的另一个同桌……

"哎呀，又胖了。"因为他的名字里有一个乡土气息颇浓的"村"字，所以我们谨遵杉杉姐之教导，亲切地叫他——

"屯子，"我道，"我也胖了。"

"都胖脸上了。"他揪着自己的脸。

我也揪："我也是。"

屯子拍拍自己脸："拍脸能瘦，来，跟我一起拍。"

我俩很有节奏地拍了几个八拍，拍到九二三四的时候，港港回来了。他看了我俩一眼，淡定地说："你俩是不是背着我吃脑残片儿了？"

杉杉姐乃是我们班的英语老师。据她本人讲她最大的特点就是

"二"。二得彻底，二得洒脱，为二痴狂。

杉杉姐如今也是有宝宝的人了，她早在刚教我们的时候就说："你们得听话，听话的以后都是叔叔阿姨，不听话的以后就都是我家宝宝的哥哥姐姐，那多憋屈啊。"现在这句话眼看着就要成真，不听话的部分同学受到威胁的频率也越来越高。

"是吧，他裴×喜哥哥！"

"是吧，他王×鑫哥哥！"

此时我们剩下的人就会欣慰地互相看："哎哟，这个辈分说上去就上去了呢！"

我们班演节目的规矩是杉杉创下的，其中也不乏优秀的作品和给力的语言。

小方因《校园有事你吱声1》中的"春哥拖布曾哥扫帚"广告而扬名校内外。他最新力作里的一句话在我们班广为流传："你还疼吗？"摆点穴手势，"看我葵花葵花葵花——瞬间变，胃康灵啊！"

终　篇

你只看到我们的压力，却没看到我们的嬉戏；你有你的应试，我们有我们的意志；你否定我们的答案，我们会说："大不了这分不要了"；你嘲笑我们一无所有不配去承担，我们可怜你年华逝去暮云霭霭；你可以轻视我们的成绩，我们会证明这是谁的未来。要贫，是注定不孤独的旅程，路上少不了欢笑和泪水（笑出来的）。教育严格，少年黯淡，但，那又怎样？哪怕嗓子笑哑，也要活得感性。我是奥古斯特·小太爷，我为自己代言。

有人问我："高中真的那么好玩吗？"

我说："不，我们只是苦中作乐。"

越苦的日子越要过得有滋有味，没乐子创造乐子也要乐。

你说，对吧？

张青生三打于莺莺

小太爷

1

张青第一次碰见于莺莺是在医院。两个人都穿着同一个学校的校服，大眼瞪小眼，相顾无言唯有泪千行。同在异乡，能遇见同样胸怀逃课大志的真是不易。

张青走上前："同学，你什么病？"

于莺莺来不及擦掉眼角激动的泪水，哽咽着说："我大脑穿刺。"

张青于是举起手来："我血管折了。"

嗯——那好吧，其实他俩是疼的。

两个人龇牙咧嘴地开始唠嗑，在交流了学年、班级、班主任等基本信息后，两个人惊奇地发现：他们的班级只有一墙之隔。另一个重大发现就是，两个都是在劳动中受的伤。

身在文科班的于莺莺因为班里男生少的缘故，被抓壮丁去收拾分担区。结果站在她后面的男生突然手脚抽搐口吐白沫振振有词地碰翻了于莺莺手里——用一百多根细木杆精心编制而成耗费七七四十九天功力文火慢炖好享受的——大扫帚。大扫帚扎到了于莺莺的耳朵里，把耳道划出了血。

身在理科班的张青因为长得柔弱被分配去扫地，拿过铁把扫帚的同时，上面可以悬挂的部分不幸掉了，白铁生生地在手上划了道口子出来，他是来包扎的。

所以我们又可以得出一个结论，这两个人都比较喜欢胡扯，胡扯着，胡扯着皮外伤就变成了一个穿刺一个折了。

2

两个人第二次相遇是在一个春暖花开春光明媚的早晨，在阵阵欢呼下，两个人秉承着"友谊第一比赛第二"的原则，迈开长腿为班级的荣誉而战。

你猜对了，他俩都报了环城赛。

男生先发枪，女生后发枪。结果在这么一段时间里，两者相差的距离就被完美地补充好了。于莺莺和张青二人一前一后，距离从三百米变成二百米又变成一百米，总之是十分迅速地拉近。

迅速拉近的那个是于莺莺。

学校为了锻炼老师们的体能，也专门设立了老师组的比赛项目。张青只觉得眼前发白，腿发软，仿佛一停下就要跑不动了——而就在此时，张青班的生物老师扶着腰大喊了一句："张青你快跑，你后面那小子要超你！"

闻言，于莺莺回头，生物老师一愣，张青已蹿得无影无踪。

张青登过记之后瘫坐在登记处的椅子上，旁边在学生会工作的同学又是递水又是扇风。张青此时内心就一个想法：他十分想见赵忠祥……不对，是见他后面想超他那小子。

于莺莺顶着一头英姿飒爽的短发小步跑进来，一个女生发出尖叫，冲上去抱她："天啊莺莺！女子组第一！快登上！快！我们班的这是。"

张青从椅子上弹起来：“是你？”

于莺莺揉着手腕，自信地冲他笑了笑：“用飘柔，就是这么自信。”

3

至于第三次相遇，我们可以这样说：感谢“某民间非法组织”，感谢CCTV。

张青有一天提前回宿舍，左右无事，正盘算着是睡觉好还是洗头发好——这时候一个电话就打了进来。对方声音低沉，富有磁性：“同学，有兴趣加入我们这个组织吗？”

“有。”张青不自觉地站直了身体。

“那好，既然是有缘人，我就送你个法号。欸？你觉得青生如何？”对方缓缓说道。

张青被五雷轰顶：“轻生？大师，我还年轻啊！我还没结婚呢！我还不想死啊！”

“青生，”对方说道，“青春的生命啊。”

“那还不错。”青生法师咂摸咂摸嘴，同时他听见了敲门声。他撂了电话，走到门口，打开房门，发现是学年主任带着学生会一帮人查寝，其中就有于莺莺一个。

于莺莺对着他做了一个抹脖的表情，青生法师没明白。学年主任走过去拍了拍张青的肩膀，用和电话里一样的声音说：“年轻人，出来混迟早是要还的。”

青生法师出师未捷身先死，被罚站一个月，括弧包括下课站门外括弧完。

4

"莺莺——"张青喊抱着一摞作业卷子的于莺莺。于莺莺回头："青生法师！"

"别埋汰我啦，我都成这样了。"

"你跟主任打电话的时候我们都笑翻了，结果都不敢出声。"

张青掰了掰手指："得，三打白骨精。"

"啥？"

"三请张生来赴会，四顾无人就跳了花墙啊——"张青哼哼唧唧地，转身想要回屋，于莺莺连忙喊他，对着远方一比，原来是他班主任，于莺莺小声道："罚站！"

张青"嗖"地一声蹿回了原位，站溜直。班主任走过来："莺莺也在啊。"于莺莺点头向语文老师问好，班主任又转向张青："好好站啊，青生法师。"

"为人民服务。"

于莺莺"扑哧"一声笑了，转身回了班。

157

5

张青和于莺莺同处在地理位置最差的四楼，每次堵得要死的时候都恨不得从楼上跳下去，跳下去海阔天空，跳下去就能占到座了。

但这种问题又能么能难得住于莺莺和张青呢？

这幅画面我们现在经常看得见，在下以人格起誓：这种画面会持续很久很久。

什么画面呢？

于莺莺在前面慢慢跑，张青笑她："就你这速度还占座呢？"

梦想，恰逢花开

于莺莺长叹一句："年轻啊，你还是年轻。"说着就一下子加速，跑得张青都眯了眼睛。再等他跑到食堂的时候，于莺莺已经吃完了半盘菜，并拿起筷子笑眯眯地招呼："小同学过来吃啊！"

张青就只能仰天长啸。

至于它具体会持续多久呢？我想是一万年……

谁说有巧合就一定要在一起呢？

好吃友，才是人生的真谛。

那……谁说的，好吃友，不能在一起呢？

无量天尊，这事儿，得随缘呀。

踩着年华渐渐长大

　　我娘越来越频繁地絮叨："你说说你这样儿的，将来一定被人家嫌的。"语音语调里尽是忧虑。原来，我已经长到了让我娘开始操心我的人生归宿的地步了。

　　其实，一直以来，生活里都有一个大大的盼头，幼儿园盼望升小学，小学盼望升初中，初中盼望升高中，高中的现在对大学充满向往。虽然，当你真正地盼到了，也许会发现预期和现实的货不对板，但是，还是得拔掉笔帽照单签收。

大人这种生物真的伤不起

蔡晓兜

临近放假，空间和微博里跳跃着各个妖孽关于回家的消息，干脆不上QQ，不上微博——眼不见为净。我真怕我一个激动心里跳跃出来的妒忌之火把我的课本烧掉了，话说我还指望它们去考试呢。

最后一场考试结束，拉着书包像是要逃避一场无形的瘟疫一样蹿出教室，不幸被班主任撞了个正着，乖乖地退了回去。

下午三点的火车呀，公交车你千万千万不要塞车呀。想着连午饭都没有吃，就背着我的小书包蹦向公共汽车站，看着其他人一大包一小包还不忘一个皮箱我心里嘚瑟得很。

不负众望，作为我没有吃午饭的代价，我赶到火车站的时候才12点多。

我居然也是阿姨了？

一个人等车，无聊中……

邪恶的魔爪伸向了不远处一个很萌很可爱的小男孩儿，开始对着他做各种鬼脸，只图红颜一笑。大概是看我学生装束吧，那个叔叔就没管我勾搭他的小孩儿，倒是那个小男孩儿很不领情，始终不肯正眼看我一眼。

摸摸口袋，触到了大白兔："来，乖！叫姐姐，糖糖给你吃。"

这一招果然很管用，他直接拿过我手里的糖，还不忘对我嫣然一笑，露出他那口嫩白的米粒儿似的小牙。接下来听到的一句话，几乎可以将我劈得尸骨无存。那个猥琐大伯说："说——谢谢——阿姨——"

我对着漆黑的亮闪闪的手机屏幕，眨眨眼睛，努努嘴巴，我想我怎么也还是一花季少女呀，怎么就成了阿姨呢？！话说我的眼角也没有鱼尾纹呀，难道是我一个人生活所以沧桑了？！

猥琐大伯看着我，笑了，他妈妈才二十三岁。

我抽搐了一下嘴角，颤抖地摸着小男孩儿的脸，心想，早婚早育害死人。

我竟然被说呆？

火车提前二十分钟检票，但是要早早地就把队伍排好。我站在那里，目光游离，刚刚那个让我又爱又恨的小孩子已经消失在我的视线里了。

不行！我怎么可以就这么无聊地排着队呢？

很快，我就有了新的目标——一个很萌的小女孩儿。阿门，原谅我吧，年纪和我相仿的孩子我实在不敢勾搭，不然会被当作神经病。

那个小女孩儿显然也很喜欢我这个大姐姐，一直瞪着水汪汪的大眼睛看着我。

但是汲取了上一次的经验，就是打死我我也不给她糖了，要是再赚了一句谢谢阿姨，我岂不是赔了糖果又长了辈分？坚决不要！

相处还算愉快，我们两个大眼瞪小眼，你笑过来我笑过去的，颇有点儿眉目传情的意思。

然而，不和谐的音符还是出现了。

小女孩儿的妈妈拍了一下她的脑袋，厉声斥责："你这小孩儿，你看什么？啊你！"

看什么？她看的是我呀！我很呆吗？

又一次哀怨地拿出手机……

底牌是不可以轻易亮出的！

因为买的是站票，有一种低人一等的感觉。虽然上车比较早，却没有一个属于我的座位，我觉得自己站在哪里都是挡了别人的路。

默默地低下头来，开始对自己进行思想上的批判：你是猪啊你？！当初买票的时候让你不早点儿买！

"麻烦你能不能给我让点儿空间。"一个年纪相仿的女孩子楚楚可怜地看着我。

那一瞬间我以为上天丢下了一个同伴陪我来着，我高兴地给她挤出了一点儿地。"你也是买票买迟了所以买了站票？"

"不是的，我等人。"她羞涩地低下头。

果然，没出三十秒，一个高大帅气的男生接走了她手里的行李箱，以及，她的手——他们欢乐地奔向属于他们的座位，而我则要站上几个小时，走的时候女孩儿同情地看了我一眼。

欸欸……

站着回家不是闹着玩儿的！

站在两节车厢的过道里，我尽力压缩自己的身躯。此刻，我多么希望自己可以被大家屏蔽掉。

列车上的工作人员推着摆满食物的小车经过我，我自觉地后退；进吸烟区的大叔们经过我，我也要自觉地后退。换了位置，我和一群大妈们一起站在两排座位中间，坐在我对面的男子的目光有意无意地落在我的脸上，不怀好意扫来扫去，似笑非笑——姑娘我长得虽然有点儿姿色，但也不是倾国倾城，你没事就闭上你的眼睛睡觉吧，我有什么好看的。内心暗暗地抓狂。

你看你看，你还看，你在看我就把你喝掉。没来由地想起来旺仔牛奶的广告。

这个时候想站回去已经不可能了。我开始怀念。虽然那里是挨着烟熏，要给各种人让来让去，可是至少，没有猥琐大哥对着我看呀！

低下头，假装打电话，眼不见心不烦。

换了N个站立的姿势，抬头，发现那位大哥还在盯着我看，不管了，撤！就是被白眼死也好过这样别扭死。

换了个位置，我无辜地用近似白痴的眼睛看着每一个不为所动的人。

　　终于到站了。一扭头，又看见那大哥对我诡异地笑了一下，吓得我赶紧逃跑。

　　"你终于回来啦。"厨房里的妈妈探出头，笑眯眯地看着我和接我的爸爸。

　　"嗯，回来了。"我身心疲倦，心里想，我居然活着回来了，我真是个传奇。

人在囧途，有点儿背

麦　子

中考成绩刚出来的那天，我妈骂了我一下午的垃圾。我待在房间里一句话也没说，其实我知道我也没资格说些什么。

其实这个成绩有一半是在我的意料之中。初三的时候我给自己制定了学习计划，每天写作业不到十二点钟不准睡觉。可我总是边玩边写，导致学习效率很低，第二天上课时就一直犯困，总想睡觉。

如果说这是一种恶性循环的话，那么我便是以这种状态度过了大半个初三下学期。于是我妈总是用"表面上看起来好像很认真，但其实心里浮躁得很"来评价那时候的我。

上网的时候有个小学同学问了我的中考成绩，然后跟我说："不是吧，你骗谁呢，才这么点儿？"

我的成绩是2A+ 4A-，其实6A是个不差的成绩，可大家都说，我考出这个成绩那就是可惜了。记得三年前的小升初考试，我史无前例地考了全校第一、全市第二。那时学校把成绩贴在校门口，那时候的我也开始有了一点点名气。

今年这时候学校的门口也贴起了红色的横幅，上面写着庆祝我校中考再创佳绩。到学校拿毕业证的那天我盯着墙上的成绩表上自己的那一栏一直看一直看，多希望能多出一个A+来，忽然听见班主任的声音，我却一直不敢回头，我怕一回头就看见班主任失望的表情，我怕一回头就听见班主任说，你怎么考成了这样。

　　那时候的我居然开始盼望考试，我知道我还是有机会的，中考只是跨进高中的门槛，分在什么班还要取决于几天后的分班考。为此我爸教导我说，分班考好好考，你要是连零班都考不进的话就别读了，读普通班没用，连个二本都考不进。

　　后来那天晚上隔着门我还听见了我妈和我爸的对话。我妈说："就这个成绩怎么上课改班啊。"而我爸说："就这个成绩你还想让他上课改啊，能上个零班就不错了！"

　　第二天早上我原本计划要和大妈大伯一起去外地走亲戚的，于是我五点多钟便爬起床赶火车，结果被我爸堵在门口，朝我吼道："都什么时候了你还想着出去玩，分班考你还想不想考了？你还要不要读书了？不准去！"

　　然后他把我赶回了房间里，把房门"哐"地一声关上了。我趴在桌上边哭边写作业，心里却一直说，哼，有什么了不起的。

　　后来，三天后我们迎来了分班考。从考场里走出来的时候，我不确定自己是不是真的能扳回一局，但至少这次我真的全力以赴了。

　　那天晚上我接到了班主任的电话，他跟我说我考上了课改班，所谓的重点高中的重点班里的最好的班。电话这头的我立刻激动了："真的吗？我真的考上课改班啦？"

　　或许有人能体会，当所有人都认为你不能成功而你却成功了的那种心情。但一定没有人知道，曾经一心想考课改的我只是想证明，其实我不是垃圾。

　　我一直很想告诉我爸，其实普通班本身不比零班课改班差什么，只是学校和社会从来都没有给予它们相同的重视程度，所以有的学生才会自暴自弃，所以有的普通班学生才会连二本都考不上。

　　现在的我坐在高一课改班的教室里，听见老师说踏进高中的第一天就该做好吃苦的准备、就该明确自己梦想的大学了。我知道我又要迎来新的开始了，我知道我又该努力了，我跟自己说，高中三年，还有长长的未来，请你一直奔跑。

踩着年华渐渐长大

踩着年华渐渐长大

楂椴椴

　　我的娘亲大人对付我的语篇大全里面有这么一句话，用俺们这旮旯儿的方言译成普通话，大概是："你以为你还小啊？都快二十了！还不……"叽歪了一串。我娘是在表达她闺女已经年纪大得应该做好很多事情了。我必须站出来说话了，十八和二十之间的差距不是一点点，就跟一张考卷上面到底是五十八分还是六十分一样，差很大，至少在心理上来说是有一定落差的。

　　我娘越来越频繁地絮叨："你说说你这样儿的，将来一定被人家嫌的。"语音语调里尽是忧虑。原来，我已经长到了让我娘开始操心我的人生归宿的地步了。

　　其实，一直以来，生活里都有一个大大的盼头，幼儿园盼望升小学，小学盼望升初中，初中盼望升高中，高中的现在对大学充满向往。虽然，当你真正地盼到了，也许会发现预期和现实的货不对板，但是，还是得拔掉笔帽照单签收。

　　我在戴校章穿校服逢周一系红领巾混小学的时候，无比崇拜我的表姐，一个我一直以为她没有校服（其实有，估计就是我现在这套的款式），架着看起来很有智慧的眼镜，可以将单肩包背得很好看的高中生，痴痴地盼，痴痴地以为中学是一片自由富饶的热土任我撒丫子挥汗狂奔。我真的踏上这里之后，仍然是个背双肩包逢星期×就套上校服到大操场上甩胳膊甩腿儿做课间操的家伙，不同也是有的，比如，红领巾没了，镜片厚厚的。曾经觉得斜挎单肩包帅气到不行，并不清楚将一个上午要用的课本都塞进去之后，对左肩或右肩会是一种剥削式的压迫。曾经觉得鼻梁上一副镜框显得好有腔调，从没想过有朝一日放下眼镜就不想搭理路上的行人，因为用模糊的视线凭借衣服书包认人有风险。

九把刀在《那些年，我们一起追的女孩儿》的专访里说，这不只是想表达青春，还有成长。

沙皮桑已经从一个看纯爱小说会哭得抽噎的无知少女，成长为一个看《济众院》这种有血腥画面的韩剧下饭以及发表"那种两男两女爱得死去活来的偶像剧有什么好看的"这类肺腑之言的女孩子。

背背已经从一个睡觉时可以把脚扭伤的傻姑娘，成长为一个连易拉环都能把手指划破出血的更傻的姑娘。每次看到这娃，我都觉得就傻这个层面而言，背背总能不断挑战并超越她自己……

圆子已经从一个脸圆圆的小女娃，成长为一个一笑就会浮现酒窝的女青年。我记得在某本科普读物里看过"酒窝的出现是由于皮下脂肪过多"这个论断，我也没有办法解释为什么脂肪多了还可以陷出一只酒窝来，但我们要相信科学。

青梅已经从一个立定志向扬言不嫁的小女生，成长为白衣少年的脚踏车后座上的白衣少女，每天翩翩跹跹地来来去去，你们两个是想营造出只羡鸳鸯不羡仙的意境吗？原谅我猥琐地笑。

就连短袜子（我妹子）都已经从一个看报纸只看遗失声明的无聊小孩儿，成长为一个知道日本那个频繁换首相的国家的现任领导人是谁的有眼界的初中生。我甚感欣慰，毕竟我不希望我的妹妹每天都在关心谁丢的身份证又作了废。

从扎着双马尾大街小巷晃晃荡荡，到窝在家里跟刚逛完淘宝情绪很不稳的细菌交流"人生真是辛苦""以后一定要好好工作努力赚钱""祖国一定很以我们为荣""女性消费者真是刺激经济发展的中坚力量"。

从每天下午都兴冲冲跑回家看动画片，到紧紧追逐台产偶像剧，再到对狗血剧评头论足、尽显不齿，而最近则是对TVB港剧表现出拥趸状。

从一个人生最大理想就是"妈妈不要吼人"的小屁孩儿，到一个装满对未来的设想与筹划的大屁孩儿。

看着这段年华，从说"从这里到那里"，到说"从那里到这里"。

我们都在踩着年华，渐渐长大。